重庆工商大学工商管理学院学科建设经费资助、
重庆工商大学高层次人才科研启动项目（2155003）资助

创新网络位置对技术标准化主导能力影响实证研究

——基于中国复杂装备制造业

龚晓叶／著

西南财经大学出版社
Southwestern University of Finance & Economics Press
中国·成都

图书在版编目(CIP)数据

创新网络位置对技术标准化主导能力影响实证研究:基于中国复杂装备
制造业/龚晓叶著.—成都:西南财经大学出版社,2023.9
ISBN 978-7-5504-5897-0

Ⅰ.①创…　Ⅱ.①龚…　Ⅲ.①装备制造业—产业发展—研究—中国
Ⅳ.①F426.4

中国国家版本馆 CIP 数据核字(2023)第 149035 号

创新网络位置对技术标准化主导能力影响实证研究——基于中国复杂装备制造业
CHUANGXIN WANGLUO WEIZHI DUI JISHU BIAOZHUNHUA ZHUDAO NENGLI YINGXIANG SHIZHENG YANJIU:
JIYU ZHONGGUO FUZA ZHUANGBEI ZHIZAOYE

龚晓叶　著

责任编辑:肖　翀
责任校对:余　尧
封面设计:墨创文化
责任印制:朱曼丽

出版发行	西南财经大学出版社(四川省成都市光华村街55号)
网　　址	http://cbs.swufe.edu.cn
电子邮件	bookcj@swufe.edu.cn
邮政编码	610074
电　　话	028-87353785
照　　排	四川胜翔数码印务设计有限公司
印　　刷	四川五洲彩印有限责任公司
成品尺寸	170mm×240mm
印　　张	13.5
字　　数	211 千字
版　　次	2023 年 9 月第 1 版
印　　次	2023 年 9 月第 1 次印刷
书　　号	ISBN 978-7-5504-5897-0
定　　价	78.00 元

前 言

复杂装备创新是制造强国战略之重要着力点。复杂装备是装备制造中，技术含量高、研发投入大、产品结构复杂，并具有小批量及定制化生产特点的产品、系统、网络和设施，如高铁、大型飞机、大型船舶等。高度的技术复杂性，使复杂装备在产品结构和组织结构上显著异于大规模制成品。技术标准化是降低复杂性的重要途径。标准化设计可使复杂装备内部的模块化程度更高、技术兼容性更强，有利于提升系统整体开发效率。由于复杂装备具有复杂性、系统性、资本密集、定制化等属性特征，因此，它的标准化呈现出与一般制造业的标准化不同的特征，然而现有研究还较少对此展开专门的分析。

"制造企业—供应商"模式是复杂装备开发的主要模式。其中，制造企业负责产品总体架构设计、少数核心部件开发、模块集成、产品组装及交付，其相关能力形成机理是复杂产品系统创新研究中的关键问题。作为参与复杂装备创新的核心主体，制造企业面临技术复杂性的挑战也最大。技术标准化主导能力是制造企业主导复杂装备研发不可或缺的一种能力，是指在实现复杂装备的技术标准化这个过程中，制造企业主导某项技术标准实现的能力。制造企业对该能力的掌握程度，直接关系着系统的开发与创新。尽管研究人员在对相关复杂装备创新的研究中已逐渐认识到该能力的重要性，然而却较少在复杂产品系统创新背景下对其展开针对性的分析。制造企业的技术标准化主导能力如何形成、积累，受到哪些因素的影响等，这些相关内在机理尚未明确。

鉴于复杂装备制造企业技术标准化主导能力的重要意义，为了填补上述研究空缺，本书基于复杂产品系统理论、创新网络治理理论、技术标准经济分析理论、社会资本理论、知识基础理论等理论基础，综合运用共词分析法、演化博弈论、内容分析法、社会网络分析法、计量回归分析法等多种研究方法展开探索。

本书主要包括如下内容。

其一，复杂装备产业合作创新网络演化与制造企业网络位置研究。主要研究发现有以下三点：①复杂装备产业合作创新网络主要由制造企业、组件供应商、承包商等企业和用户，以及科研院所、政府部门、行业协会、金融机构等主体构成。各创新主体之间通过技术合作关系、知识合作关系、商业合作关系、政治合作关系、制度合作关系等彼此连接，由此生成产业合作创新网络。②产业合作创新网络的演变呈现以下特点：网络合作关系处于解散与新生的动态变化之中；网络主体的位置差异逐渐形成；网络日益呈现小世界特性；网络主体间知识流动加剧；平台模式成为网络演化的重要趋势。③制造企业在网络中的核心位置明显，相比于其他类型的企业或创新主体，制造企业的度中心性程度和占据结构洞的程度均较为突出。

其二，复杂装备制造企业的技术标准化主导能力形成机理与影响因素分析。主要研究发现有以下三点：①制造企业的技术标准化主导能力的形成，其本质在于制造企业在复杂装备产业技术标准化过程中发挥着主导作用；②制造企业的技术标准化主导能力是其主导能力的一种，是在复杂装备技术标准化过程中，制造企业主导作用在能力层面的体现，采用制造企业起草标准的次数来测度；③合作创新网络是制造企业技术标准化重要的知识源，知识整合是企业资源到标准化的中间机制，技术环境是重要的权变因素。

其三，产业合作创新网络位置对制造企业技术标准化主导能力的影响研究。主要研究发现有以下两点：①度中心性和结构洞均对技术标准化主导能力产生倒 U 形影响，但是基于不同的内在作用机理和路径。前者主要是相关知识整合效应与声誉效应两种机制在发挥作用，后者则为非相关知识整合效应和控制效应两种机制所致。②制造企业内部技术多样性、技术复杂性，以及外部环境技术动荡性的增加均对结构洞影响技术标准化主导能力的调节作用不显著，却会减弱度中心性对技术标准化主导能力的倒 U 形影响，然而三者的调节效应存在细微差别。技术多样性的调节效应较为简单，而技术复杂性及技术动荡性的增加均会使度中心性对技术标准化主导能力的正效应越发显著，并且在技术复杂性的调节下，度中心性的正效应更为显著。外部环境的知识产权保护强度的增加对度中心性影响技术标准化主导能力调节作用不显著，但会增强结构洞对技术标准化主导能力的倒 U 形影响。技术复杂性、知识产权保护强度、技术动荡性各自的调节效应较为复杂，原因在于这几个变量通常具有"双刃剑"效应。

　　本书的研究结论兼具理论贡献与实践启示。本书研究结论的理论贡献在于：从网络化学习与合作出发，提出了较为系统的制造企业技术标准化主导能力形成机理框架，深化了复杂装备标准化发展机理研究，补充了复杂装备创新相关研究存在的空缺，为理解网络位置与技术标准化主导能力间的关系提供了新的分析视角，拓展了标准化研究对象的边界。本书研究结论的实践意义在于以下几点：首先，有助于制造企业根据目标技术标准类型的不同，实施更为高效的网络位置战略导向，合理投入网络资源，开展合作创新与标准化工作；其次，有助于制造企业根据自身的技术掌控优势以及所处的外部技术环境，更好地发挥外部社会资本对技术标准化主导能力的效用，以此提升自身的技术标准化主导能力；再次，制造企业在开展以技术标准化为目的的合作创新的过程中，要充分重视隐性知识的重要作用；最后，有助于政府制定和实施有效的政策，营造良好的标准化发展环境，引导和支持产业标准化工作的开展。

作者

2023 年 5 月

目　录

创新网络位置对技术标准化主导能力影响实证研究——基于中国复杂装备制造业

第一章　导论

第一节　研究背景、问题与意义

一、研究的现实背景

1. 装备制造产业的发展现状与演进趋势

（1）装备制造产业的概念

装备制造产业简称"装备制造业"，是我国经济体制下特有的概念，在 1998 年中央经济工作会议上首次明确提出。自此，装备制造业的创新发展受到广泛关注和重视。装备制造业是为国民经济进行简单再生产和扩大再生产提供生产技术装备的工业的总称，即"生产机器的机器制造业"。装备制造业又称"装备工业"，是为满足国民经济各部门发展和国家安全需要而制造各种技术装备的产业总称。按照国民经济行业分类，其产品范围包括机械、电子以及兵器工业中的投资类制成品，分属于金属制品业、通用装备制造业、专用设备制造业、交通运输设备制造业、电气机械及器材制造业、通信计算机及其他电子设备制造业、仪器仪表及文化办公用装备制造业 7 个大类 185 个小类。

（2）装备制造产业的特征

资本密集、技术密集和劳动密集是装备制造产业的三大特征。装备制造企业的生产过程对技术和智力要素的依赖远超其他行业，需要大量的财力投入及大量人力参与产品的制造过程。尤其值得注意的是，装备制造产业是技术密集与劳动密集共存的行业。一般来说，技术程度与劳动力需求成反比，即技术程度较高时，所需要的劳动力会更少。这不难理解,当技术程度提高时,生产产品的工具就会使生产变得更加便捷和高效,一定程度上减少了对操作人员的需求,也就是降低了对劳动力的需求。装备制造产业技术密集与劳动密集同时存在的原因在于,其生产组织模式与最终消费品制造业相比极为不同。装备制造产业一般会通过按单制造、非标制造、项目制造等模式生产产品,在较为漫长的生产过程中,生产计划的调整及技术变更等都需要大量人力参与,极少存在"傻瓜式"的生产方式。

(3)装备制造产业的发展现状

装备制造产业是制造业的核心和支柱,是社会经济发展的基础性产业,其发展是各行业产业升级、技术进步的基础条件。经过几十年的发展,我国装备制造产业已形成门类齐全、规模庞大的产业群,少数产品已达到世界领先水平。

①产业结构现状

第一,经过几十年的发展,我国装备制造产业的产业规模增加值增速趋缓,资产规模较快增长,固定资产投资平稳向好,但过半数主要产品产量出现下降。根据《中国装备制造业发展报告(2019)》可知,我国装备制造产业总体资产规模实现稳步提升。近年来,机器人与智能制造行业、计算机、通信和其他电子设备行业、工程机械行业、仪器仪表行业和食品包装机械行业,资产规模增速均在10%以上。

第二,行业间收入分化特征明显、利润水平差异明显。工程机械、重型矿山等行业增速最快,而铁路、船舶、航空航天和其他运输设备行业出现负增长,导致行业间收入差距明显。

②创新现状

第一,强化创新的核心地位,多种创新模式齐头并进。在装备制造产业的发展中,创新无论何时都是一项基本的发展战略,并且被不断强化。同时,积极探索协同创新、服务创新等新的创新模式,为装备制造产业的创新发展赋予了新动能。为创造发展机会,装备制造企业积极进行跨界合作与联合创新。比如,埃夫特智能装备股份有限公司与上海飞机制造有限公司签署战略合作协议,以中国大飞机 C929、C919 和 ARJ21 的产业化生产为目标,共同成立"民用飞机机器人应用技术联合实验室"。另外，制造企业不仅提供装备制造产品，还将终端产品的服务延伸到安装、维修、互补品供应、智能化改造等领域，扩大了终端产品的内涵，打造了以"产品+服务"为主要内容的解决方案，拓展了新的市场。

第二，继续加大研发投入、加快研发机构建设。主要体现为：内部研发经费支出整体趋增、外部研发经费支出加速增加、项目经费支出加速增加、新产品开发数量有所增加、研发人员硕博占比进一步提升。以铁路、船舶、航空航天和其他运输设备制造业为例，2017 年，该产业研发强度达到 2.53。又如，2017 年，装备制造企业研发机构人员为 192.91万人，其中拥有硕博学位的人员为 29.17 万人，占比为 15.12%。

第三，创新产出量质齐生。主要表现为：企业专利质量有所提升、技术获取和改造支出增速有所放缓、开发课题数量快速增长。只有在追求专利数量的同时保证专利的质量，才能有效提高专利的价值。虽然技术获取和改造支出增速有所放缓，但企业技术改造支出却呈现出占比高的态势，说明装备制造产业仍然重视对技术进行改革和创新。

（4）装备制造产业发展中存在的问题

市场疲软、需求不足是一段时间以来阻碍装备制造产业发展的主要因素之一。企业资金周转压力大、运行效率下降、税费负担被放大、贷款利息压力增加等，都给装备制造企业的生产经营带来了巨大的压力。

①产业结构存在的问题

第一，企业性质不同，面临的问题差异化较大。主要表现为：私营装备制造企业盈利能力亟待提高，国有装备自造企业"大而不强"问题凸显。

第二，不同行业在国际上的发展水平差距还较大，技术追赶仍旧是部分领域的重要方向。比如，虽然我国的高铁、工程机械等行业的技术水平已经领先世界，但是高端光刻机、芯片、触觉传感器、重型燃气轮机、大型数控机床等行业还面临被国外先进技术"卡脖子"的不利局面，难以实现国产替代。因此，在这些行业，技术追赶仍旧是重中之重。

②创新存在的问题

第一，从企业自身来看，基础应用研究能力薄弱导致企业原始创新较少，产业共性技术存在短板，关键核心技术受制于人；产品工艺性实验验证能力缺乏，导致产品可靠性受到质疑；来自国外垄断企业的打压等使得企业进入国际市场受限。比如，国内市场在制造光刻机方面技术水平较低，这项关键技术被欧美科技巨头长期垄断。2019 年，美国电子商务部将华为公司列入"实体问题清单"，这意味着在未获得美国国家商务部许可的情况下，美国相关企业无法向华为供应芯片产品，这直接导致了华为的芯片危机。又如，中国西电集团有限公司研发的接线端子产品，因西门子公司对同类型产品的大幅降价而失去市场。

第二，从产业范围来看，创新链和资金链、产业链未能有效融合，出现创新资源分散、基础应用研究与产业化割裂的现象，从而造成实验室创新成果利用率低、产业端研发跟不上等问题。

第三，从宏观环境来看，知识产权保护体系不健全，在一定程度上制约了装备制造产业的创新研发。比如，在一些新兴的装备制造产业中，相关的技术标准还未正式确立，知识产权法律法规也还未有成文的规定，这导致企业不能有效保护自己的研发创新成果。同时，企业自身的知识产权保护手段落后、有限，很难有效降低企业在创新中的技术研发风险，很难高效获取在与其他企业合作中的创新收益。

（5）装备制造产业的演进趋势

在制造业向数字化、智能化融合转型的趋势下，对跨知识领域、多学科交叉研究的需求推动装备制造产业不断嵌入复杂情境，即复杂的产品结构、复杂的研发组织、复杂的技术系统、复杂的创新知识体系等。因此，针对装备制造产业，尤其是高端装备制造产业，基于复杂性理论的探索成为必需与必然。装备制造不断向复杂装备制造演变。

复杂装备（如工业机器人、高档数控机床、高档装备仪器、运载火箭、大飞机等）是技术和产品结构复杂、生产周期长、开发成本高的一类装备制造产品，对于国民经济具有强大的基础性和带动作用，其制造水平是一个国家科技实力、综合国力和国际竞争力的集中体现（Zhang et al.，2020）。复杂产品系统理论是研究复杂装备产业的重要理论基础（魏江 等，2007）。李慧（2012）对装备制造产品和复杂产品系统的关系进行了梳理，指出那些处于产业前沿的，高端且系统集成化、智能化水平较高的成套装备制造产品属于复杂产品及系统；而其他如高新技术装备中涉及技术领域不够广泛的装备、基础装备中的大部分，以及一般机械装备中的绝大部分仅属于元器件、配件或组建，不属于复杂产品及系统；进一步，取复杂产品系统和装备制造产品的交集，就能够将为国民经济发展和国防建设提供装备服务的复杂产品及系统定义为复杂装备制造产品，简称复杂装备。复杂装备有时也被置于高端装备情境而被研究。复杂装备与高端装备两个概念既有联系也存在区别。从技术含量高低来讲，复杂装备往往技术含量较高，多属于高端装备范畴。区别在于，二者侧重点不同。复杂装备更强调技术体系、产品结构、研发组织等多层面的复杂性，高端装备则更强调该产业的高技术、高附加值特性。相关研究多认为，产业合作创新网络与制造企业关键能力是影响复杂装备创新的两个重要因素，对此进行的探讨较为广泛（Naghizadeh et al.，2017；黄群慧 等，2015）。

总的来看，近年来，我国装备制造产业综合实力得到大幅提升，突破了一批关键核心技术，涌现了一批具有国际竞争力的企业和集群，形成了较为完善的产业配套。但我国装备制造产业距离高质量发展还存在一定差距，主要表现为：部分装备产品遭遇"卡脖子"；基础配套能力不足，装备主机面临"空壳化"；产品附加值比较低，多为中低端产品，如德、日、韩的新能源汽车电机出口价格几乎是我国的 2 倍。从组织方式、技术含量和产品结构来看，装备制造产业不断向复杂装备演变。要全面提升我国装备制造产业水平，创新是最迫切和最根本的解决之道。

2. 产业合作创新在复杂装备产业发展中的核心作用

由于复杂装备的技术复杂性，单个企业开展创新活动不仅存在知识的局限性，还存在创新的高风险性。也就是说，复杂装备的创新不能仅依靠某个企业自身的内在创新努力，企业单打独斗无法完成整个创新过程。因此，开展与外部企业或科研机构等的创新合作，成为复杂装备制造企业的重要战略。同时，复杂装备产业自身的高技术含量和高附加值特点使该产业具有较强的开放性；而产业链长、生产要素丰富、市场需求多样等特性，使该产业在开展创新合作时具有天然优势。

从现实来看，我国装备制造产业不断集群化发展，集群内部成员间相互进行技术学习和知识溢出。然而，随着经济全球化、技术创新的复杂化、竞争的白热化，集群内部合作，尤其是局限于某个地域的集群企业内部合作已无法顺应上述趋势和克服上述困难。因此，超越地域集群的产业范围的合作创新，成为复杂装备产业创新发展的重要驱动。

3. 实施技术标准化战略在复杂装备产业发展中的重要意义

在现实的经济活动中，技术标准化战略已渗透到国家、产业、企业等各个层面。比如，国家制造强国建设战略咨询委员会于 2015 年 10 月发布了《中国制造 2025》重点领域的技术路线图。该文件强调了技术标准在先进轨道交通装备、节能与新能源汽车、新一代信息技术产业、数控机床等领域的战略意义与实践价值。标准化是促进科技成果市场化、产业化的桥梁和纽带。随着中国市场化改革的推进及高新技术在经济中发挥越来越重要的作用，技术标准也被视为产品竞争、品牌竞争之外的一种层次更深、水平更高的企业间竞争战略（林洲钰 等，2014）。例如，根据报道，标准化助力中车株洲电力机车有限公司（简称"株机公司"）打造技术"高精尖"名片并成为行业龙头领跑世界。截至 2016 年年初，株机公司共参与制定修订国际标准 19 项、国家标准 25 项、行业标准 77 项。标准化的基本原理是简化、统一、协调和优化，最终目标是简单、易行、可操作（刘杰 等，2017），这也与研究者所在团队前往株机公司调研访谈时，公司管理层所提到的公司的简统化战略不谋而合。

当前，发展高端装备制造是中国制造业转型升级的重要抓手。在制造业服务化、全球价值网络重组的驱动下，信息通信设备、数控机床、电力机车、大飞机等复杂装备，逐渐成为国民经济的支柱（Acha et al., 2004；Appio et al., 2019；Crespin-mazet et al., 2019；Hobday et al., 2000；Hobday, 2000；Kiamehr et al., 2015；Lee, et al., 2015；Majidpour et al., 2015），也成为当今世界各国普遍关注的战略重点（李春田，2015）。复杂装备具有巨大的技术经济意义，可促进产业链整体技术升级、带动零部件等相关配套产业的发展，提升国家竞争力，也可为简单产品和现代服务业提供支撑平台等。

标准化有助于促进制造过程的规范化，促进系统内部组件的重复使用，减少资源的浪费，提升制造效率（Karandikar et al., 2007；Mor et al.，2018）。因此，在当前制造业广泛追求精益制造的情境下，标准化逐渐成为重要的企业战略，这对于复杂装备制造企业也同样适用。复杂装备产业属于具有高度复杂性的制造业，是由许多相互依赖的互补组件所构成的技术密集型产品。标准化是促进复杂装备高效开发的重要战略武器，可通过确保兼容性、增加复杂装备组件间的互操作性和协调性（Toh et al.，2017；Xie et al.，2016），降低开发的复杂性。

二、研究问题与研究目的

1. 研究问题

企业的技术标准化主导能力是企业在技术标准化过程中，主导作用在能力层面的反映。企业技术标准化主导能力的不断积累可使企业获得多种优势。第一，可获得决定标准内容的权力，有利于企业将自身所拥有的技术转化为行业规范，由此获得一系列可持续收益。比如，企业主导标准制定，有利于企业将研发成果转化为标准的必要内容，使企业成为标准必要专利持有者，获得必要专利授权许可收益（Bekkers et al.，2011；Kang et al.，2015；Leiponen，2008；Rysman et al.，2008）。第二，更加容易把控标准化的进程，从而获得标准使用的时间优势。可第一时间接触产品样本，知晓行业政策，了解技术规范细则，迅速占领市场，以及快速洞察未来市场的发展方向和动态，获得开发互补产品的先动优势（Ranganathan et al.，2014；Toh et al.，2017）。第三，增强企业在产品准入、技术引进及设备采购等核心竞争领域中的声望和权力（Leiponen et al.，2008；林洲钰 等，2014），获得行业认可，掌握行业话语权，提升行业知名度。因此，开展技术标准化工作、提升技术标准化主导能力，已成为企业重要的战略举措。

复杂装备，主要是指高成本、高技术含量、高集成度的定制化装备产品（如高速铁路、大型飞机等），具有系统性架构、模块化生产、网络化协作研发等特征（Hobday et al.，2000；夏维力 等，2009）。由于技术的系统性与复杂性，复杂装备的开发极大地依赖组织间网络，涉及大量企业的参与研发。"制造企业（也称"主制造商"）为主，供应商为辅"的模式是目前国际主流的复杂装备开发组织模式（程永波 等，2016a；程永波 等，2016b）。比如，中国第一款根据国际适航标准体系

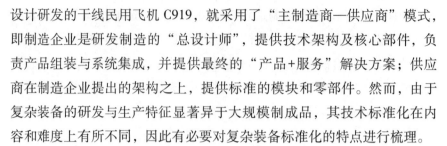

设计研发的干线民用飞机 C919，就采用了"主制造商—供应商"模式，即制造企业是研发制造的"总设计师"，提供技术架构及核心部件，负责产品组装与系统集成，并提供最终的"产品+服务"解决方案；供应商在制造企业提出的架构之上，提供标准的模块和零部件。然而，由于复杂装备的研发与生产特征显著异于大规模制成品，其技术标准化在内容和难度上有所不同，因此有必要对复杂装备标准化的特点进行梳理。

在现实的经济活动中，标准化通常是一个协作的过程，知识、信息等社会资本的交换在其中扮演重要的角色（Bekkers et al.，2011；Leiponen，2008）。因此，企业如果要主导标准化过程，则需要积极搜索和获取外部社会资本。并且，对于越是处于复杂产业中的企业来说，外部搜索行为的效果越明显（Savino et al.，2017）。产业内组织间合作创新网络是复杂装备开发的重要载体（Ngai et al.，2008），提供了外部社会资本获取有效渠道（Ahuja，2000；Inkpen et al.，2005）。换句话说，从理论上讲，合作创新网络为实现复杂装备标准化提供了知识源等社会资本。尽管有研究试图分析合作创新网络影响企业标准化能力的内在逻辑规律，然而这些研究大多定位于一般的高技术产业（如汽车产业），相关研究结论对复杂装备产业未必适用，因此有必要在复杂产品系统创新背景下展开分析。与 Naghizadeh 等（2017）的观点一致，我们认为，在复杂产品系统创新研究中，存在两个关键问题：一是复杂装备产业创新网络的结构问题，二是复杂装备制造企业（以下简称"制造企业"）所需的能力问题。我们发现，很少有把上述两个复杂产品系统问题置于同一理论框架中展开研究。因此，本书试图通过分析二者之间的关系，以填补该研究空缺。

首先，网络位置是网络结构嵌入性的重要代理变量。那么，复杂装备产业合作创新网络如何生成与演化，具有何种特征？制造企业在其中的网络位置又如何？这是本书要研究的第一个问题。

其次，制造企业是复杂装备标准化的主要推动力量，然而探讨其相关标准化能力的研究较为稀少。作为复杂装备开发的核心主体（Ngai et al.，2008），制造企业是整体产品设计、项目组织、模块集成、产品组装的第一负责单位，它的技术标准化主导能力反映了它主导当前标准制

创新网络位置对技术标准化主导能力影响实证研究
——基于中国复杂装备制造业

定,以及影响未来创新标准开发的能力(Leiponen,2008;Xie et al.,2016)。制造企业是复杂装备的组织者及模块化创新的集成者,其技术标准化主导能力关系着整个产品系统是否能够被顺利开发。因此,相比于网络中的其他成员,制造企业的技术标准化主导能力尤为重要。那么制造企业的技术标准化主导能力是如何形成积累的,如何测度的,又受到哪些因素的影响?这是本书研究的第二个问题。

最后,在创新研究领域,大多数研究者认为,突出、优越的网络位置赋予企业创新的潜能,有助于增强企业与创新相关的能力(Hansen,2002;Tsai,2001)。那么,针对复杂装备创新环境中的制造企业的技术标准化主导能力,这个结论是否成立呢?正如我们所知,制造企业是复杂装备开发中的核心成员,相比于其他主体,制造企业的合作行为更广泛也更频繁,这也使得它在合作创新网络中的位置较为显要。因此,在这种情境下,我们试图探讨:制造企业在复杂装备产业合作创新网络中的位置如何影响其技术标准化主导能力,以及其内在机理。这是本书研究的第三个问题。

复杂装备属于技术密集型产品,其标准化过程涉及多种技术知识领域的交互。制造企业网络位置对技术标准化主导能力的最终影响效果,与其所处的技术环境密切相关。同时,制造企业的技术环境特征存在着较大的个体差异。因此,在研究制造企业网络位置对技术标准化主导能力的影响时,有必要对个体技术环境的权变作用机理进行探讨。

复杂装备的研发设计具有跨学科、跨技术领域的特性,其标准化过程对制造企业涉足知识领域的种类、处理知识领域间的复杂关系有很高的要求。因此,反映知识领域多样化程度的技术多样性(Carnabuci et al.,2013),以及反映这些知识领域间相互依赖程度的技术复杂性是最为重要的制造企业内部技术环境因素,二者的权变作用机理值得探讨。

此外,技术标准具有知识属性及私人属性。在知识经济时代,新的技术方案越来越绕不开专利技术,专利越来越多地嵌入到技术标准中(刘江鹏,2015)。在现实中,由标准化引发的知识产权争端也时常成为社会热点,如通信界巨头思科与华为关于思科的"私有协议"是否成为行业标准,其中是否存在专利权滥用等问题的诉讼。故企业所处外部环境的知识产权保护制度的执行强度也是一个重要的技术环境权变因素。另外，在外部环境中，技术变革速度、不确定程度也会影响制造企业的相关技术决策。因此，反映这种变化和不确定性的技术动荡性也不容忽视。

综上，本书聚焦于内部技术环境因素（如技术多样性、技术复杂性），以及外部技术环境因素（如知识产权保护强度、技术动荡性）这几个关键的技术环境变量，进一步探讨如下问题：制造企业内外部技术环境因素在网络位置影响技术标准化主导能力中的调节作用机理和规律。这是本书要研究的第四个问题。

2. 研究目的

本书的研究目的在于结合复杂装备标准化的特点，以复杂产品系统理论、创新网络治理理论、技术标准经济分析、社会资本理论、知识基础理论等理论为基础，探讨复杂装备产业合作创新网络的生成与演化、制造企业的技术标准化主导能力的形成机理与影响因素、制造企业在产业合作创新网络中的位置对制造企业的技术标准化主导能力的影响机理和路径，以及内外部技术环境的权变作用。本书从合作创新视角，提出了一个较为系统和完整的制造企业技术标准化主导能力提升理论框架，通过探索在不同技术环境下，制造企业在合作创新网络中的位置对其技术标准主导能力的差异化作用机理和影响路径，揭示产业合作创新网络、技术环境、技术标准化主导能力三种要素间的相互影响，为复杂装备的技术标准化工作与制造企业的技术标准化主导能力提升策略提供启示。

三、研究思路与研究方法

根据上述四个研究问题，本书设置了"提出四个研究问题→理论基础概述与文献综述→第一个研究问题→第二个研究问题→第三和第四个研究问题→得出研究结论与启示"的研究逻辑，并针对研究的不同阶段，综合运用了文献分析法、多主体仿真法、内容分析法、演化博弈论、计量回归分析法等多种研究方法，主要结构安排如图 1.1 所示。

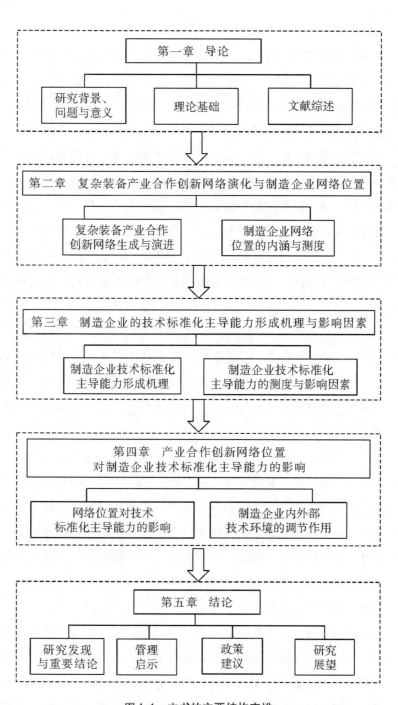

图 1.1　本书的主要结构安排

具体思路与研究方法如下。

第一章通过背景分析，结合研究评述凝练出研究问题，并指出研究的理论和现实意义。本章综合运用文献分类与归纳、文献计量等方法回顾相关的基础理论，对相关研究进行了"全景式"的展示和"地毯式"的梳理；尤其对关键词"技术标准化"进行了更为科学的文献分析。不同于普通的文献归纳和总结，本书以已有研究中的关键词为对象，采用文献计量法中关键词共现分析法对该主题的研究进行回顾，并基于研究成果的数量、分布以及聚类等总结出"技术标准化"相关研究的演变趋势，为进一步探索提供了方向和启示。除此之外，文中多处结合相关实际案例对研究论述进行支撑和进一步说明解释。比如，采用350 km/h标准动车组的开发实例，对复杂装备技术标准化中的标准间适配协同进行说明。

第二章综合运用社会网络分析法、多主体仿真法、案例分析法等，以及Ucinet、netlogo软件，对复杂装备产业合作创新网络的生成和演化过程进行形象地刻画，进一步从整体网层次过渡到个体网层次，聚焦网络中的核心节点制造企业，分析其网络位置特点，梳理其内涵、刻画维度和测度方式。

第三章综合运用演化博弈分析法、内容分析法等方法展开分析。具体而言，为了对制造企业技术标准化主导能力的形成过程进行深入剖析，分析复杂装备制造企业与供应商在复杂装备技术标准化中的博弈行为和决策权衡，采用演化博弈法进行数理建模，打开复杂装备技术标准化过程中两种企业主体的互动黑箱；运用内容分析法对标准化相关文献做全面梳理，得出技术标准化主导能力的主要影响因素，并凝练相关变量，提出实证分析理论框架模型。

第四章基于社会资本理论、知识基础理论、技术标准经济分析等进行理论推演。具体而言，借鉴管理学研究中新的理论推演思路"收益—成本"逻辑，结合数学图解模型，采用完整的逻辑链条对主效应到调节效应进行推演，挖掘制造企业网络位置对其技术标准化主导能力影响的内在机理、内部技术环境因素（技术多样性、技术复杂性），以及外部技术环境因素（知识产权保护强度、技术动荡性）的调节作用，并基于此进一步提出相应的研究假设。实证研究主要运用社会网络分析法和计量回归分析法，以及运用社会网络分析计算度中心度、结构洞、网络密度等各种网络指标。此外，运用计量经济分析法，根据样本来源与数据特征，采用随机效应负二项回归模型，检验研究中所提出的假设，实证分析制造企业网络位置对其技术标准化主导能力的影响，以及内外部技术环境的权变作用。

第五章针对第二、三、四章的四个问题的研究结果分别进行讨论，并提出相关的企业管理启示和政策建议。同时，对本书进行总结，对未来研究进行展望，并进一步明确研究方向。

四、研究意义

1. 理论意义

本书的研究弥补了现有理论研究存在的不足之处，深化了相关理论。具体如下。

一是推进了相应理论框架的完善。从研究对象来看，制造企业虽是复杂装备标准化的主要推动力量，却较少有研究聚焦到制造企业，探索它的技术标准化主导能力。从关注的主题来看，以往的研究多关注创新行为对创新绩效、企业业绩等显性经济指标的影响，较少聚焦到各类资源、战略、能力、环境等因素对技术标准话语权、技术标准化主导能力等隐性经济指标的影响（林洲钰 等，2014）。即使近年来有所突破，但相关研究大多定位于一般的高技术产业，其相关研究结论对复杂装备产业未必适用，也缺乏对制造企业个体属性差异的探讨，没有形成有针对性的、系统完整的理论框架。本书结合复杂装备标准化的特征，探索了制造企业个体内外部技术环境差异化作用下，网络位置对技术标准化主导能力的影响，填补了上述理论研究空缺。从运用的研究方法来看，现有复杂装备领域研究主要运用定性分析法，亟须运用网络分析、基于专利的指标等定量方法展开实证研究（Acha et al.，2004；Appio et al.，2019；Roehrich et al.，2019）。本书以社会网络分析为基础，综合运用多种专利相关指标，展开定量实证分析，及时响应了上述呼吁。

二是在多个方面推进了理论的深入。从网络化学习与合作出发，剖析了产业合作创新网络的生成与演化机理，并从合作创新网络位置视角，提出了较为系统的制造企业技术标准化主导能力形成机理框架，完善了复杂装备标准化发展机理研究，为理解网络位置与技术标准化主导能力间的关系提供了新的分析视角，拓展了现有标准化研究边界。基于知识基础观点，为理解组织间网络和技术标准化主导能力间的关系贡献了一个新的实证基础，完善了复杂产品系统知识管理研究（Ngai et al.，2008；Chen et al.，2019），为知识管理研究中知识和创新的复杂关系（Gloet et al.，2004）提供了的新的启示。通过分析在复杂装备创新背景下社会资本分析范式的运用，拓展了社会资本理论的应用范围。通过分析调节效应，进一步完善了复杂性和创新专属性理论研究。

2. 实践意义

除了上述理论贡献，本书还为复杂装备制造企业制定科学的战略及合理的决策提供了有益的实践指导。研究结果有助于制造企业在以提升主导能力为导向的标准化工作中，有效开展合作创新、合理布局自身网络位置；尤其是对如何利用自身的技术多样性、复杂性，结合所在环境的知识产权保护强度、技术动荡程度，将网络化合作创新对技术标准化主导能力的成效发挥到最大，具有指导意义。此外，基于以下两个方面的原因，本研究结果还可应用于更宽泛的环境，以指导实践。

其一，复杂装备产业已经成为现代经济的支柱（Crespin-Mazet et al.，2019；陈占夺 等，2013），其涉及的技术领域、种类繁多，极大地影响着现代经济的各个方面。比如，信息技术、软件工程、通信系统和设备、大飞机、能源等，这些在复杂装备研究中经常被关注的产业，已经渗透到经济生活的方方面面（Appio et al.，2019）。它们所涉及的技术范围广（Lee et al.，2015；Ngai et al.，2008），不仅包括与复杂装备自身相关的核心工程领域，还包括诸如机械、电子、材料等传统制造产业（Lee et al.，2015）。因此，我们关于复杂装备产业的研究结果并非局限于狭窄的技术领域，而是要在一个更广泛的技术经济环境中对其进行应用并使其产生指导意义。

其二，由于信息技术的发展和全球化趋势加快，制造系统逐渐变得复杂，产业结构经历了深刻的变化（Fleury et al.，2007），产业间边界变得模糊。传统的制造业也逐渐表现出一些与复杂装备产业相似的特征，如交付集成解决方案（Roehrich et al.，2019），小批量提供定制化产品，网络化的开发形式和复杂的、系统化的产品结构等。因此，尽管聚焦于复杂装备，但我们的实质性研究成果也可以推广到这些具有相似特征的非复杂装备产业中，为相关企业的管理实践提供借鉴意义。

五、创新之处

第一，本书是对与复杂装备相关的组织间关系研究的拓展。组织间关系对复杂装备的开发至关重要，这个观点几乎是该领域研究者的共识。然而，这些研究过于强调系统内部的协作，忽略了对产业内系统外的社会资本同样具有重要意义。比如，制造企业可以通过联合研发、技术转移等方式从复杂装备外部的其他制造企业处获取资本。因此，本书并不局限于研究单个复杂装备内部的组织间关系，而是从产业内跨系统的组织间网络化合作出发，聚焦于制造企业在该产业合作创新网络中的站位，综合考虑制造企业从所在系统内部、外部所获社会资本，将研究向前推进。通过这种方式，制造企业获取的外部社会资本得以被更为全面地分析。

第二，本书对制造企业的技术标准化主导能力的内涵和外延进行了界定和梳理，并且针对复杂装备技术标准化的特点，剖析了制造企业网络位置影响其技术标准化主导能力的内在机理，揭示了不同类型网络位置在社会资本获取与控制上存在的差异，提炼出知识整合与影响力两种机制，并详细论述了它们的不同作用。这是对复杂装备技术标准化的积极探索；同时，拓展了社会资本理论在技术标准化研究中的应用范围，促进了社会资本理论研究与技术标准化研究的融合。

第三，本书结合制造企业在内部技术多样性、技术复杂性和外部知识产权保护强度、技术动荡性上的个体差异，系统分析了它们的调节作用机理，不仅为"网络位置影响技术标准化主导能力"这个主题构建了一个适用于制造企业的系统研究框架，也是权变理论在复杂装备管理与

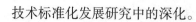

技术标准化发展研究中的深化。

第四，本书通过填补复杂性定量研究的空缺，推进了复杂性理论研究。技术复杂性是复杂装备最典型的特征，主要体现为产品的复杂性和组织的复杂性。技术标准化是减少产品复杂性的关键手段之一，合作创新网络则是组织复杂性的一种表现形式。本书分析了技术复杂性调节下的网络位置对技术标准化主导能力的影响，为理解技术、产品与组织三种复杂性间的关联提供了新的视角，是对复杂性理论研究的深化。另外，调节效应研究结果进一步支持了技术复杂性是标准研究中的一个重要边界这个观点，并通过分析技术复杂性的调节作用，把复杂性研究与社会资本理论联系起来，为理解二者之间的关系提供了启示。比较出乎意料的是，我们发现，高技术复杂性会使得度中心位置的制造企业对其技术标准化主导能力呈现出完全正向的影响，这打破了部分传统观点，即复杂性为创新带来障碍。

第五，本书从主效应到调节效应的理论推演，采用完整的"收益—成本"分析链条，尝试了管理学研究中关于"U 形关系"理论推导的新范式（Hanns et al., 2016）。其分析结果支持了在高技术领域中，良好网络位置对技术标准化主导能力产生积极影响的认知；但同时，网络的过度嵌入反而会对技术标准化主导能力产生不良影响。这更加适用于复杂装备创新环境，并在复杂装备标准化和制造企业标准化能力理论研究与实践之间架起了桥梁。

第二节　理论基础

一、复杂产品系统理论

复杂产品系统理论是研究复杂装备产业的重要理论基础（魏江 等，2007）。复杂产品系统理论研究源于 20 世纪后半期学术界对复杂性的探索。如 Simon（1962）开创性地分析了复杂性的结构，指出系统复杂性可从元素维度和结构维度来衡量。其中，前者反映组成该系统的元素的个数，后者反映这些元素间的交互程度。在此基础上，学者们得出复杂系统由许多具有多重关系的元素所构成的结论（Minguela-Rata, et al.,

2012）。20 世纪末，一种新的产品形式——复杂产品系统，即高复杂性、高成本、小批量定制化、技术密集型的复杂资本品（Kinamehr et al.，2015；Hansen et al.，1998），开始受到如 Hobday 等（2000）、Hansen 等（1998）、Prencipe（2000）等学者的关注。复杂产品系统理论探索实际上是复杂系统思维（如对边缘放权、相对独立的局部、出现创新、重新联结、激发竞争、正负反馈、开放思维、创新选择、系统更新等①）在组织管理中的应用分析。复杂产品系统理论研究的兴起，也与科学技术的发展，以及复杂产品和大型基础设施在国民生活中扮演的不可或缺的重要角色不可分割。这些产品和系统不同于以往的大规模制造商品，其技术复杂程度、知识密集程度高，对其生产过程、组织结构、产品特性等一系列基础性问题的探索，逐渐筑起复杂产品系统理论的基本框架。早期的复杂产品系统研究主要在于分析复杂产品系统开发中涉及的组织结构（Hobday，2000）、所需的各种能力（Davies et al.，2000；Prencipe，2000）、后发者战略（Kiamehr et al.，2015；Lee et al.，2015）等。经过 20 多年来的发展，对于其知识创造、更加经济的组织方式等的探索，不断拓展该理论研究的外延，相关理论不断丰富。

对于复杂产品系统，国内外涌现出众多的研究群落。就国内而言，有陈劲等（2005）、苏敬勤等（2016）学者从复杂产品系统内部流程、管理运作、模块化创新、知识管理、行为主体能力等方面，对复杂产品系统理论研究进行了探索，并产生了较为丰富的研究成果。如 Chen 等（2007）基于组织间合作视角，分析了复杂产品系统的组织间知识管理。苏敬勤等（2016）以大连机车为例，研究了复杂产品系统企业的主导逻辑。从复杂产品系统理论研究进入中国学者的视野以来，其学术关注度呈现出较为剧烈的波动，我们可通过知网学术关注度指数了解一二，如图 1.2 所示。知网学术关注度指数是基于某个研究关键词相关文献发文量，得出的权威的统计结果，可较为科学准确地反映出该主题理论研究所受到的学者关注程度。从图 1.2 可以看出，复杂产品系统理论研究总

---

① 资料来源：微信公众号南开管理评论中，《学术信息｜中国情境与管理创新—2019（上）"中国管理 50 人"论坛回顾》一文。

体上受到学者们的关注度是增加的，并且在 2009 年、2011 年、2013 年分别达到了小高潮。这应该与当时国内的装备制造产业发展如火如荼、高铁发展势头迅猛有关。比如，2009 年 12 月 26 日武广高速铁路的开通运营，标志着中国正飞速进入高铁时代。这些现实中的复杂装备发展大事件，都推动了复杂产品系统的理论研究发展。在这几年中，关注点大量集中在复杂产品系统组织形式、集成商相关能力等方面，复杂产品系统理论研究的基本框架逐渐搭建起来。研究关注度在 2014 年之后短暂下降，又于 2019 年开始逐渐受到关注。这也表明，复杂产品系统理论研究中可能出现了一些新的研究聚类，值得进一步探索。

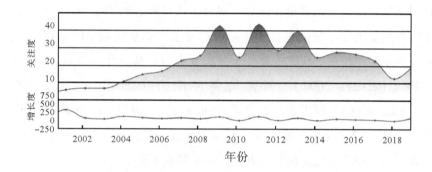

图 1.2　复杂产品系统理论相关中文研究学术关注度

1. 复杂产品系统属性

复杂产品系统有其独特的属性，正是这些属性共同决定了复杂产品系统与大规模制造产品的本质不同。具体而言，主要表现为以下几种属性。

一是复杂性（Park et al.，2015）。复杂产品系统最典型的属性便是复杂性，这种复杂性包括技术的复杂性、产品结构的复杂性、参与复杂产品系统设计研发的组织的复杂性。复杂产品系统的一切复杂性根源于技术知识的复杂性（Sun et al.，2020；陈占夺 等，2008）。Hobday（1998）指出，复杂产品系统的复杂性可以定制组件和子系统的数量、把上述组件和子系统集成在一起的层次结构方式，以及所涉及的技术新颖性等几个指标来衡量。开发复杂产品系统这套复杂技术的难度决定了技术的复杂性程度。刘静（2013）指出，复杂技术是复杂产品系统所具有的双重属性之一。降低复杂技术开发的关键手段是产品的模块化。复杂的技术对应着整体产品系统，对复杂技术的分解意味着对产品的模块化分割，而大大小小、形态不一、功能各异的模块彼此嵌合、组装，呈现出多层级（江鸿 等，2019）、多技术系统的形态（付永刚，2012），这就带来了产品结构的复杂性。另外，开发复杂技术离不开多主体的协作。复杂产品系统创新网络内部组织间关系错综复杂，而一旦涉及多个开发主体，组织结构也就变得复杂起来，呈现出多层级的技术协同和设计集成（付永刚，2012）。

二是系统性。这里的系统性包含两层含义。其一，复杂产品系统，如电信系统、空中交通控制系统、飞机发动机系统、海上石油设备系统和武器系统等（Dedehayir et al.，2014），均以集成系统的形式呈现给终端用户（刘静，2013），用户消费的是经过技术集成与产品组装之后的模块产品的集合。其二，对用户来说，单一模块价值是有限的，甚至可能根本就没有价值，只有以系统形式存在的整体才具有价值。这不难理解，如飞机极大地改变了人类的出行方式，是人类远距离出行不可或缺的交通工具，缩短了国家与国家之间的地理距离。但是，发动机、机翼、操控系统、航电这四种核心模块，对飞机乘客来说都是没有价值的。另外，系统性也意味着复杂产品系统在技术、组织、产品多个维度都具有系统性特征。

三是高研发投入、高资本属性（付永刚 等，2012）。技术复杂性使得复杂产品系统在开发过程中，需要大量的研发投入。比如，作为高铁产品核心供应商的株机公司，在研发上投入了大量的人力财力。例如，汇集工程技术人员520余人，其中教授级高工29人，具有中高级以上职称的300余人；开展硕士研究生联合培养项目并建立了多个培养基地，成立了多个研究中心，如株洲市轨道牵引动力和发电装备工程技术研究中心、湖南省轨道牵引电机工程技术研究中心等。又有官方资料显示，株机公司是轨道交通行业中主要负责产品集成的主机厂，其产品广泛出口欧洲、非洲等地区。2015年，公司高新技术合作费用达到1.43亿元；2013—2015年公司研发投入分别达到8.2亿元、9.1亿元、11亿元，研发投入占销售收入的比例保持在 4.5% 以上，2015 年更是达到 6%。

除了这三种主要的属性，有学者还认为复杂产品系统具有公共物品属性，其社会收益远远大于其为研发主体带去的个体收益（翟莉莉，2011）。比如，高铁这种复杂产品系统的普及，为现代人的出行带来极大的便利，缩短了城市与城市之间的距离，在一定程度上增加了社会人口流动。

总的来讲，复杂性、系统性，以及高研发投入、高资本这几种主要的属性，共同决定了复杂产品系统的独有特性。

2. 复杂产品系统特征

复杂产品系统在设计研发、创新、市场化等各环节均呈现出不同的特征。具体特征如下。

一是定制化与用户参与（Park et al.，2015）。复杂产品系统具有明显的定制化特征，其实际开发从开发者接到用户订单那一刻就已经开始了（Park et al.，2015；Abrell et al.，2018）。用户往往直接参与开发过程，其需求和意见伴随着产品总体设计及研发生产各个流程。制造企业经常与用户进行交流互动，并将其需求直接反馈到创新过程中（付磊，2013）。基于创新需求，制造企业开展多样化创新开发活动，各类技术创新、管理创新及服务创新伴随着复杂产品系统的研发制造（周国华等，2018）。例如，根据三一重工股份有限公司官网资料，以及 2019 年4 月笔者所在研究团队对三一重工股份有限公司采购部某管理人员的调研访谈，三一重工股份有限公司所研发的消防车的定制化特征尤其明显，这些消防车所依托的基本平台是一致的，但是每一个客户都有自己的定制需求。复杂产品系统与大规模制造产品的区别在于，其根据用户定制生产，用户参与设计、研发、制造等各个环节，制造企业以"产品+服务"的形式为用户提供集成解决方案。

二是合作创新（Gann et al.，2000），多企业广泛参与（Hobday，2000）。复杂产品系统的研发制造是对既有资源、既有生产关系的维持，以及新资源、新生产关系的开发两大活动的动态整合过程（周国华 等，2018），是来自各个细分领域的企业协作创新的结果。比如，中国目前推出完全自主知识产权的国产大飞机 C919，中国商用飞机有限责任公司（以下简称"中国商飞公司"）作为系统集成商把控设计、总装、试飞、销售等关键环节，并与国内、国际数十家企业联合开发，单是 C919 的机身制造就有航空工业成都飞机工业（集团）有限责任公司（以下简称"成飞"）、航空工业江西洪都航空工业集团有限责任公司（以下简称"洪都"）、中航西安飞机工业集团股份有限公司（以下简称"西飞"）、中航沈飞民用飞机有限责任公司（以下简称"沈飞民机"）等数家企业的参与。另外，大飞机机体、发动机和机载系统是飞机三大组成部分，每一部分都有国内外各领域供应商的参与（如表 1.1 所示）。例如，单是 C919 的航电系统就吸引了中航西安航空计算技术研究所、中航航空电子系统股份有限公司（以下简称"中航电子"）、中电科航空电子有限公司（以下简称"中电科航空电子"）、中航光电科技股份有限公司（以下简称"中航光电"）4 家国内供应商，以及通用电气、罗克韦尔柯林斯、霍尼韦尔 3 家国外供应商的参与。

表 1.1　C919 供应商列表

结构件或系统	国内供应商	国外供应商
机头	成飞	—
前机身、中后机身	洪都	—
中机身/中央翼、副翼、外翼翼盒、扰流板	西飞	—
后机身、垂尾、平尾、发动机吊挂	沈飞民机	—
机身整流罩、起落架舱门	哈飞	—
机翼扰流片	中航工业昌河飞机工业（集团）有限责任公司	—
雷达罩	中航济南特种结构研究所	—
RAT 舱门和 APU 舱门	西子航空	—

结构件或系统	国内供应商	国外供应商
航电系统	中航西安航空计算技术研究所、中航电子、中电科航空电子、中航光电	通用电气、罗克韦尔柯林斯、霍尼韦尔
飞控系统	中航西安飞行自动控制研究所	霍尼韦尔、派克、汉胜、穆格
起落架系统	中航起落架公司	利勃海尔、霍尼韦尔
发动机	—	赛峰、通用电气
防冰系统	—	利勃海尔、古德里奇
电源系统	中航机电（陕西航空电气）	汉胜
燃油系统	航空工业南京机电、中航南京金城	派克
照明系统	中航电子（上海航空电器）	古德里奇、伊顿
刹车系统	博云新材	霍尼韦尔
APU	—	霍尼韦尔

三是产品生命周期长。例如，被誉为"中国天眼"的500米口径球面射电望远镜（FAST），是具有我国自主知识产权、世界最大单口径、最灵敏的射电望远镜。作为国家重大科技基础设施，从1994年提出构想到2016年9月25日落成启用，其研发历时22年，单是选址就用了10多年。复杂产品系统的创新往往面向特定项目，较少有主导设计存在（江鸿 等，2019），其研发过程与生产过程相融合，具有同时性与同一性，导致其生命周期远大于大规模制造产品（刘晓春 等，2011）。产品投入使用之后，制造企业可根据技术变化或者客户需求，不断进行技术创新和系统升级改造（盛亚 等，2019）。其生命周期可延续十几年甚至是几十年（喻小军 等，2006），可能需要经过数次技术进步和产品升级才可完全被市场淘汰（李超 等，2015）。

四是"产品+服务"的解决方案交付形式（Roehrich et al.，2019）。随着制造业不断与服务业相融合，以及消费需求模式不断变化，领先制

造企业纷纷进行"扩张式"服务业务转型，将服务作为新的价值增值环节。复杂产品系统制造企业逐渐将服务与产品相结合，以提供解决方案的形式来满足客户的特定需求（李随成 等，2009）。为客户提供集成解决方案，成为复杂产品系统制造企业获取竞争优势的有效途径（李随成 等，2009）。Roehrich 等（2019）指出，采用这一形式的企业，通常出于以下三个原因：其一，增加客户需求产生锁定效应；其二，增加利润和稳定性，实现进一步增长；其三，合理化稀缺资源。现实中的例子不胜枚举，比如，作为世界领先的网络设备供应商的华为公司，就为客户提供诸如 FTTx（fiber to the x）、SDN 网络演进解决方案等诸多网络服务。Thales 为 Airbus Military 公司提供 A400M 飞机全球培训解决方案，主要负责模拟器研发制造、培训系统集成及提供相应的培训服务（李随成 等，2009）。有研究认为，复杂产品系统企业向集成解决方案业务转型是企业外部环境、客户需求、服务经济效应、获取长期竞争优势，以及企业供给这五种因素综合作用的结果（李随成 等，2009）。总的来讲，我们认为这种"产品+服务"的一揽子解决方案形式的出现，一方面源于复杂产品系统的技术难度高、具有使用门槛的特点，企业可以通过提供培训及后期维护等方式保证产品的使用顺畅；另外一方面，这也是企业扩张后，新的价值增长点所在。

五是双寡头的市场特性（陈占夺 等，2013；陈占夺，2018；Davies et al.，2011）。复杂产品系统设备制造市场一般由几家企业分割，而用户方则由交通部门、电信部门等大型专业用户或政府所垄断（俞科女，2015）。例如，全球高铁设备几乎由西门子、阿尔斯通、通用、中车、庞巴迪这几大轨道交通设备商所垄断，而定制高铁的用户则主要是政府部门等。

基于以上这5个方面的特征，我们可以运用创新蛛网模型对不同复杂产品系统（如图 1.3 中的 CoPS A 和 CoPS B）进行对比，获得同一行业中产品升级前后的比较，也可以通过对比来自不同制造商的复杂产品系统，获取关于产品开发战略、方式等方面的差别。比如，以 5G 为核心的产业网络（或全产业链），包括操作系统提供商、网络设备提供商、网络运营商、移动终端商及下游开发商等组成的移动互联网实际，就是一个复杂产品系统。从4G向5G的演变，可视为同一行业中复杂产品系统的升级演变。通过比较两代通信网络，可获得升级前后技术性能、经济效能等方面的变化概况。再如，通过将国产大飞机与波音、空客制造的大飞机进行比较，可获得对中国大飞机产业发展现状的一些认知。

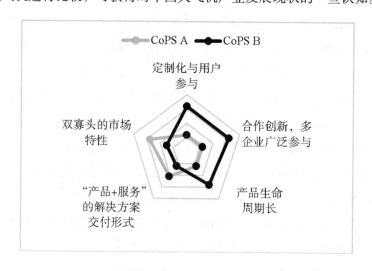

图1.3 复杂产品系统（CoPS）特征比较

二、创新网络治理理论

新制度经济学认为，网络是介于市场与科层组织间的一种新的组织安排，旨在提高交易专用性资产利用效率，节约交易费用（李维安 等，2014）。现实中的创新网络发展如火如荼，如围绕斯坦福大学形成的以思科、英特尔、惠普、朗讯、苹果等企业为核心的硅谷高科技产业创新网络，以联想、同方、方正、华旗资讯、新浪、百度等著名企业集团为核心的中关村高科技产业园等创新网络等，已成为高技术领域企业创新发展的模板。创新网络是企业、科研院所等围绕创新这个共同目标，形成的网络化组织形式。在创新网络中，企业的技术创新主导模式不再是以往企业内部的封闭式创新，而是开放式创新。这种开放式创新模式，通过引入外部创新资源，缓解企业本身创新资源的稀缺，弥补创新能力的局限，降低创新的风险和不确定程度，以提高创新的成功率。同时，还有助于增强网络整体的抗风险能力与竞争力，惠及网络中所有主体。

创新网络是现代技术创新环境中出现的一种新型创新模式和组织结构，是来自社会学领域的社会网络在经济和管理领域的一种应用场景，是企业获取外部创新要素与资源的渠道。创新网络完整概念最早可追溯到20世纪末Freeman（1991）的开创性研究。创新网络的发展，在一定程度上影响了企业间的交易方式，使得传统的企业边界变得模糊，也促进了企业技术创新、新产品开发等模式的变化。组建创新网络的目的在于将分散在网络中的企业、科研机构等所拥有的特异性资源和能力集聚起来，共同解决某个产品或者某项技术的复杂性问题，降低单个企业技术创新的风险。但是创新网络在运作过程中，同样存在一些问题，如需求的不确定性、任务的复杂性、网络主体不愿分享自身独占知识的保守倾向、搭便车、资产专用性投资较高的个体产生单方依赖等（高洁 等，2007）。由此，产生了对创新网络治理问题的探索。

创新网络治理是维持网络稳定、促进网络中知识信息流畅运行的核心问题，有助于维护技术创新网络中网络稳定、创新独占，并降低机会主义行为（党兴华 等，2015）。创新网络治理就是围绕着共同的创新目标、网络中的重要资源主体所开展的制度设计和安排过程（李维安 等，2014）。对创新网络治理理论的研究，已经形成了较为成熟和丰硕的研究成果，涉及创新网络的形成、运行模式及绩效，网络治理的内涵、结构、机制等一系列主题。与设计网络机制、优化网络结构相关的问题尤其获得研究者的高度关注（李维安 等，2014）。对该理论的探讨，一方面为企业网络治理和创新发展提供了契机，另一方面也对网络治理与创新研究的实践具有重要指导意义。

要对创新网络治理理论进行研究，首先需要对网络治理进行界定。基于不同视角，学者们对网络治理形成了不同的认知。有学者将网络治理视为以目标为导向的分析工具及方法。也有学者认为网络治理是旨在解决问题、完成网络目标的多主体联合治理的一种治理的机制，是决策制定与执行的过程，以及现有关系形态的介入、共识的建立和问题的解决的机制（钱人瑜 等，2015）。还有学者认为，网络治理是关键资源主体在网络结构框架下进行合作，以协作为导向而开展的一系列关于规则形成、合规运作及违规问责处理等的制度设计过程（李维安 等，2014）。Jones 等（1997）指出，网络治理由一组经过选择的、持续的、结构化的自主公司以及非营利机构，从事基于隐性和开放式合同创建产品或服务，以适应环境突发事件，并协调和保障交流，并且这些合同具有社会约束力，不具有法律约束力。孙国强（2003）提出了包含关系、互动及协同三个维度的网络治理逻辑模型。李维安等（2014）指出网络治理研究属于跨学科研究领域，在技术网络、组织网络及社会网络研究等领域都受到了广泛关注，同时，关于企业网络治理的问题也成为工商管理领域中的重要方向。白鸥等（2012）对服务业创新网络治理问题研究进行评述，在总结服务业创新网络具有成员间高交互性、合作行为动态性和知识整合非制度化等特点的基础上，归纳出以顾客为核心、以服务提供商为核心、无核心三种服务业创新网络，并提出了以综合社会网络理论、交易成本理论及知识基础理论为理论视角（三种理论分别对应网络治理的主体、架构与过程）的服务业创新网络治理框架。

在网络治理相关研究中，网络如何形成、网络该不该治理、网络如何治理是三个的基本问题（任志安，2006）。而创新网络治理的核心问题是治理机制问题。有关治理机制的研究，学者们也从多角度进行了探索。例如，李维安等（2014）认为，网络治理机制是维护网络成员间关系，促使网络有序、高效运作，制约和调节网络成员行为的资源调配、激励约束等规则的综合；网络治理的意义在于维护、协调成员间协作，推动成员间知识、信息等资源的互动、共享，促进网络整体运营绩效的提升。高洁等（2007）针对如何有效促进网络中创新资源、隐性知识共享，防止网络成员搭便车行为，降低专用性投资被套牢的风险这三个问题，提出以信任机制为内核（第一层）、以共同抵押和权力机制为强化（第二层）、以激励机制为动力（第三层）的三环治理机制组合模型。白鸥等（2015）对服务创新网络的关系治理和契约治理两种治理机制进行了研究，并指出在服务创新网络的情境下，上述两种治理手段与知识获取是不可兼容的。

网络治理的本质是协调，目前比较受实践推崇且学术关注较多的是核心企业治理、模块化治理等。核心企业作用突出，可引导创新，其治理机制在研究中颇受关注。例如，谢永平等（2014）分析了技术创新网络核心企业运用知识权力进行网络治理的两种方式，即强制式治理与协商式治理，并分析了知识权力集中度、核心企业治理对网络稳定的影响。谢永平等（2012）指出，核心企业的形成是创新网络治理的关键时间节点。在此之前，网络成员基于自身资源自发进行竞合的关系治理，而在核心企业产生以后，则转变为由核心企业主导网络治理。黄瑶（2017）以核心企业为对象，在"网络能力→创新网络治理绩效"研究框架下分析得出，核心企业在网络愿景、构建、关系管理、组合管理四个方面的能力积累，均会增加网络创新绩效。

三、技术标准经济分析理论

标准化水平的高低，是影响国民经济与社会发展质量的关键要素，也是国家综合竞争力的体现，是国家改革的重要内容（Leiponen，2008）。标准之争背后的逻辑即为"赢家通吃"。当前，全球标准化呈现出三大发展趋势：其一，技术与产业之间的融合趋势凸显；其二，在某些新兴领域，制定具有先导性的标准；其三，标准化向社会管理与公共服务快速拓展（田为兴 等，2015）。而标准化的这些关键作用和不可忽视的影响力，得益于其所蕴含的经济意义。

有学者从理论视角，将技术标准经济分析理论视为一个具有交叉学科性质的综合性理论，并纳入标准经济学的范畴（徐露允，2018；赵海军，2007）。到目前为止，标准经济已覆盖贸易、会计、金融、卫生、能源、教育、福利、信息与产品质量、农业、运输、环境、消费、劳动、工业等领域（田为兴 等，2015）。而由标准和标准化的知识产权特征及生产力特征引发的经济行为规律，组成了标准经济学理论体系的"硬核"（赵海军，2007）。标准的知识产权特性成为企业追逐标准制定权的重要诱因，标准的生产力特性所蕴含的社会生产分工，以及深化协作、消除贸易壁垒、减少交易成本的功能，也促进了标准经济学的进一步发展。一般而言，狭义上的标准多指向技术标准，而广义上的标准还涵盖

金融服务、社会管理等标准（田为兴 等，2015）。

技术标准是产业范围内所有产品与生产过程、规则、程序等都必须遵循的一系列要求规范。技术标准经济分析，其理论发展与外部性理论不可分割。两个理论之间的最核心的关联在于这样一个逻辑，即标准的拥有者可以凭借网络外部性或网络效应获得巨大的经济收益。例如，在高技术网络产品市场，如果对某一标准的认可较多，那么该标准将获得一种正反馈效应，由此吸引更多用户选择使用该项标准（孙耀吾，2007）。另外，随着技术标准的知识产权属性越来越突出，标准可被视为一个专利丛林，且在标准制定的过程中，企业将自有专利融入标准之中，甚至将其推广为标准必要专利，掌握标准制定的主导权，并逐步将标准推广为市场主导标准，进一步获取市场的主导权。标准通常为一套技术的综合体，由于技术具有产权属性，因此可将标准视为知识产权的组合（赵海军，2007）。一方面，企业可获得标准必要专利许可带来的经济收益，即通过标准的知识产权属性获利；另一方面，通过该标准配套产品/互补品的开发，企业在网络效应的机制作用下，也可获得不可估量的经济利益，即通过标准配套产品/互补品开发的先动优势获利。这也正是企业在运营实践中，将标准置于战略高度的核心的缘由之一，同时也促进了技术标准经济分析理论的兴起和发展。

技术标准经济分析理论的发展，始于 Blind（2004）等人具有开创性的研究，他们的研究涉及信息通信技术、管理学、经济学、机械制造、法律等领域。而在管理学领域，又有来自不同学科背景（如产业组织经济学、战略管理、信息科学管理及营销等）的学者对标准进行了系统深入的研究（Narayanan et al.，2012）。其关注的热点领域也逐渐从最初的通信领域，扩展到高科技服务业、高技术装备制造业等。

四、社会资本理论

20 世纪六七十年代以来，社会资本逐渐受到经济学、社会学、组织行为学及政治学等多个学科的关注。Bourdieu、Coleman、Lin、Putnam 等学者为该理论研究做出了开创性的贡献。"社会资本"这一术语，来源于社会学，最初出现在社群的研究中（曹永辉，2013；Nahapiet et al.，

1998）。社会资本是指个人在一种组织结构中，利用自己特殊位置而获取利益的能力。社会资本来源于社会结构，社会结构包括市场关系、社会关系及正式的层级关系等，而这些关系提供了资源流动的机会和通道（姜波 等，2011）。"社会资本"与"关系"是一对不可分割的概念，正是由于关系，行为主体之间才拥有了社会义务及其赋予的社会资本。关系网络是社会资本的载体，社会资本包括社会关系及其所带来的资源。

在企业管理研究中，Nahapiet 等（1998）对企业社会资本进行了界定，认为它是个人或社会单元所占有的关系网络中包含的实际或潜在资源的总和，并且提出了结构、认知、关系三个社会资本维度。其中，结构维度包括网络连接、网络配置、专有化组织，认知维度包括共享的准则和语言、共享的叙事，关系维度包括信任、规范、义务、认同。在此基础上，社会资本被广泛用于人力资源、组织行为、创新管理、营销等管理学的各大领域，并结出了累累硕果，极大地促进了社会资本理论框架的完善和应用。例如，Inkpen 等（2005）对公司间网络、战略联盟和产业园区三种网络形式进行了区分，并分析了它们的社会资本三维度对知识转移的影响。谭云清等（2013）同样基于社会资本三维度，实证分析了社会资本对创新绩效的影响，并发现动态能力在其中的部分中介作用。朱建民等（2015）基于产业集群生命周期视角，分析了产业集群的社会资本对其创新绩效的影响，并在社会资本三维度的基础上，创造性地提出了纵向、横向、斜向社会资本。实证结果发现，在集群的不同生命周期，不同维度的社会资本对创新绩效的影响较大。王雷（2013）研究了外部社会资本对集群企业创新绩效的影响，并发现知识溢出、学习效应在其中发挥了中介作用。

随着社会网络分析法在管理学领域的广泛应用，社会网络与企业网络不断融合，社会资本已经成为创新的知识基础理论研究中的一个重要解释变量（Tsai，2001；Landry et al.，2002）。一方面，创新已不再被视为寻求技术解决方案的过程中所产生的开发的离散事件，而被视作涉及社会互动的一个过程；另一方面，创新不再由有形资本（有形的、金融的……）的单一组合来解释，而是由无形资本（尤其是社会资本）的组合来解释（Landry et al., 2002）。因此，在基于创新的知识基础理论研究中，以社会资本为解释变量的分析范式逐渐受到广泛关注。这一分析范式主要关注网络特征、结构、关系等对企业创新能力或绩效的影响。其暗含的逻辑为，网络为嵌入其中的主体提供了信息、知识、资源等社会资本，网络主体对这些社会资本的吸收、整合、转化等促进其自身的创新。网络主体的社会资本主要是指嵌入在网络中的结构资本与关系资本，前者用网络中心性、结构洞、凝聚性、密度等指标来衡量，后者主要是指网络中的强弱关系、凝聚性等。这类研究已成为技术创新管理领域中的研究热点，并且涌现了丰富的研究成果。Polidoro 等（2011）研究了关系嵌入、位置嵌入、结构嵌入三种嵌入式社会资本如何影响网络连接的稳定性。曾德明等（2016）基于标准制定网络，研究了企业的制度关系资本、商业关系资本两种关系资本，以及网络密度、可达效率两种结构资本分别对标准化的影响。Malm 等（2017）研究了网络结构和风险认知间的关系，深入分析了结构洞对执法忧虑的风险认知的影响。钱锡红等（2010）整合了"网络位置对信息收集的重要意义"和"企业内部吸收能力对信息处理的重要意义"两种观点，研究了网络位置、吸收能力各自对创新绩效的影响，并进一步研究了两者交互创新绩效的影响。

五、知识基础理论

知识基础理论是基于探索组织存在与发展的知识基础观所形成的一类研究，兴起于 20 世纪 90 年代。组织为了适应不断变化的市场环境，必须具有不断更新自身能力的能力，即具有整合、建立以及重构组织内外能力以适应快速变化的环境的能力。而这种动态能力的背后就是知识。知识基础理论的核心思想为：现有组织结构在知识的使用、创造及商业化方面提供了效率优势，相比于其他组织结构，能更有效地管理知识（李超平 等，2019；Kogut et al., 1996）；知识创造的各个方面，比如如何存储运用内部知识、竞争力与才能等，关系到整个组织的生存、发展与成功（李超平 等，2019；Nickerson et al., 2004）。知识基础理论有一个重要的假设前提，即组织是异质性知识的集合体，知识将用于产品生产服务的供给（李超平 等，2019；Foss, 1996a；Foss, 1996b）。

资源基础观点指出，企业是一组独特的资源和能力，其中管理的主要内容在于通过对现有资源和能力的优化配置来达到价值最大化，同时为未来开发企业的资源基础。该观点试图解释、预测某些企业能够获取可持续竞争优势地位、获得更高回报的缘由（Grant，1996）。知识基础理论被视为资源基础理论的延伸（陈培祯，2019；徐露允 等，2019），其背后的逻辑在于知识是资源基础理论的产物，同时也是最具战略重要性的企业资源（Grant，1996）。知识基础理论区别于其他组织理论的一个关键点在于，知识基础观强调企业是生产商品和服务的一种制度/机构，生产的任务是将投入转化为产出，而创造、获取、储存和部署知识的问题是组织的基本活动（Grant，1996）。

知识基础理论认为，知识基础的本质是知识元素及其组合（徐露允 等，2019），企业的首要任务即为整合知识（Grant，1996；文金艳，2019）。正是如此，不同阶段的知识活动，如知识搜索、知识获取、知识重组、知识组合、知识耦合等，逐渐成为知识基础理论研究中的关键词。比如，有学者聚焦于企业的知识耦合，细化了知识耦合的内在维度，指出已有知识的耦合不利于企业创新，而外部知识与已有知识的耦合则有利于企业创新（Yayavaram et al.，2015）。又如，另有研究指出，知识搜索是影响创新能力的重要因素，扩大知识搜索的范围、加大搜索的深度均有助于新知识的获取和创造，能够促进新知识与已有知识的整合，夯实企业知识基础，从而促进企业创新（秦鹏飞 等，2019；Ferreras-Méndez et al.，2016），这也基本上成为致力于知识基础理论研究的学者们的共识。总的来讲，知识基础理论的研究主要集中于三个研究聚类：第一，组织能力的利用；第二，知识能力的创造；第三，知识型群体中的知识交换过程（李超平 等，2019）。

第三节　文献综述

一、复杂产品系统研究聚类分析

为了能够全面地了解复杂装备相关研究的现状，本书从复杂产品系统理论出发，以"复杂产品系统"作为核心关键词来进行文献梳理。

有关复杂产品系统的研究主要兴起于 20 世纪末（Hansen et al.，1998；Prencipe，2000；Miller et al.，1995）。尤其是 Hobday 等（2000）里程碑式的文章，为复杂产品系统研究廓清了研究框架和边界，也为后来的研究奠定了基础。技术复杂性是复杂产品系统的最关键的特性，也是复杂产品系统最根本的属性。技术复杂性使得产品结构和组织结构也分别表现出复杂性。一方面，复杂技术的开发决定了产品的多组件特性和系统性，由此表现出产品的复杂性；另一方面，单个企业很难掌握所有零部件的生产与集成工艺，只能通过网络化分工的方式完成制造，由此展现出项目组织的复杂性。这种组织复杂性显著异于大规模制成品。值得注意的是，虽然大规模重复生产中也存在组织分工，但其目的在于利用企业间的比较优势来降低成本、扩大生产，因此在组织形式上多呈现科层式结构，以稳固生产秩序、提高生产效率。复杂产品系统中的组织分工则不然，其目的主要在于集聚生产所需的技术、经济与社会资源，并把投入的资源集成为有用的系统。因此，不同参与主体（如制造企业、供应商、用户、监管机构等）在组织形式上呈现网络化结构，以提高获取资源的便利性与灵活性，并通过网络化学习提高系统的集成效率。总的来讲，复杂产品系统研究主要分布在技术、产品、组织及其他等研究主题（如图 1.4 所示）。

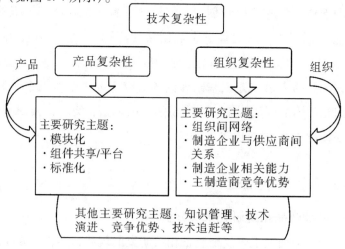

图 1.4　复杂产品系统研究主题分布

1. 技术复杂性相关研究

复杂技术有别于简单技术，是指如果一项技术的全部细节既不能被某一位专家掌握，也不能跨越时间与空间生产传播交流，则该技术被称为复杂技术（kash et al.，2000；Rycroft et al.，2016）。Singh（1997）认为复杂技术是这样一个应用系统，其组件间具有多重相互作用，且组成了一个不可分解的整体；系统性、多重作用及不可分解性是复杂技术系统的三个主要特征。Meyer 等（1991）认为，技术复杂性是指在系统构建和生产环境中实现系统任务的过程中，所涉及的程序化努力、用户环境及相关技术努力的深度和范围。也有学者从知识视角进行了界定，认为技术复杂性是指复杂产品系统所涉及的技术（知识）领域间相互依赖的程度。如果相互依赖程度高，则技术（知识）复杂性水平高；相互依赖程度低，则技术（知识）复杂性水平低（Yayavaram et al.，2015；Ganco，2013；Zhao et al.，2013）。Narayanan 等（2012）认为，技术复杂性和制度环境是技术标准研究中的两个重要变量，有助于拓展技术标准随着技术复杂性的变化不断发展的研究。也有学者认为，技术复杂性是一种企业价值保护机制，由于创新可被视为内外部知识元素的重新组合，进而复杂技术中知识元素间的相互依赖关系会对企业研发带来的创新绩效产生影响（Wadhwa et al.，2017）。对复杂性的研究已有数年（刘杰等，2017；Anderson，1999；Wang et al.，2000），项目管理、企业人力资源管理、知识管理、产品管理等各个层面和视角均有涉及复杂性的探讨（Ganco，2013；Ethiraj et al.，2004；Fernhaber et al.，2012）。在有关复杂产品系统的多个研究中都强调了技术复杂性的重要角色，但相关研究主要集中于对现象进行描述性的定性分析，少有针对性的定量实证分析。

2. 产品复杂性研究聚类

（1）模块化相关研究

Hobday（1998）认为，复杂产品系统是指研发成本高、技术密集型的产品、系统、网络或设施，其模块较多，界面复杂，涉及多种知识和技能，产品架构具有层级性特征。模块化是复杂产品系统开发的主要方

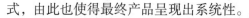

式，由此也使得最终产品呈现出系统性。

朱瑞博（2003）认为，模块化是标准的界面结构与其他功能的半自律性子系统，根据一定的规则相互联系而构成更加复杂系统的过程，包括"系统分解"与"系统集成"。Baldwin等（1997）指出，设计者将信息分为可见的设计规则与隐藏的设计参数以达到模块化。其中，可见的设计规则可分为三类：架构（详细说明各模块的功能及对应系统的哪一部分）、界面/接口（明确模块如何互动，包括它们如何相互适应、连接与交流）、标准（检查模块是否与设计规则相匹配，以及测量某个模块相比于其他模块的绩效）。李海舰等（2014）结合互联网思维与传统企业再造，认为极致化分工与极致化合作带来"一切模块化"，产品分工促进原子型结构企业向网络型结构企业的转变，通用模块与专用模块通过模块间的界面联系规则和系统集成规则，最终组装成为产品。Persson等（2006）对模块化的益处进行了总结：其一，将复杂产品分解成相互独立的模块，可以经济地增加产品的多样性；其二，模块化可以为企业创造战略弹性，满足动态竞争环境的不同需求；其三，减少了任务的复杂性，增强了企业平行完成任务的能力。模块化设计意味着子系统可以独立设计而不用过多地考虑其他子系统（Baldwin et al.，1997）。Galunic等（2001）进一步指出，模块化可增强子系统和系统层面的创新和适应能力。

模块设计是缩短复杂产品系统交付时间、减少开发成本的有效途径（陈劲 等，2006）。陈占夺等（2013）认为，从生产角度而言，复杂产品系统的构成主要涉及复杂界面、以用户为导向定制的模块及模块子系统。复杂产品系统的模块化是指将复杂产品系统创新任务分解成相对简单的模块进行创新，最后按照界面标准集成为一个产品系统的全过程。其流程为：制造企业进行模块化分解并制订设计规则、供应商进行模块的研发与制造、制造企业进行模块集成与测试。复杂产品系统的模块一般可分为核心模块和互补模块，而在此基础上还可分为核心模块、标准模块、功能模块三类。其中，核心模块所需技术含量高、专用性强，涉及核心技术，通常由制造企业根据所拥有的排他性技术知识进行开发；

标准模块所需技术较成熟、便于大规模生产，制造企业通过购买获得；功能模块常为定制化设计，所需技术一般不成熟，通常由制造企业或模块供应商专门研发（桂彬旺，2006）。李春田（2007）指出，模块可以分为基本模块、辅助模块、专用模块、附加模块、扩充模块五大类。陈劲等（2006a，2006b）探索性指出在模块化框架下，复杂产品系统创新主要涉及以下几个步骤：分解模块，选择模块供应商，协调模块开发，模块组装和调试，最终系统交付与完善。需要注意的是，各模块开发具有同步性，系统创新要在一定的协同机制下进行。

（2）组件共享和平台相关研究

陈占夺等（2013）认为，复杂产品系统具有定制化特点，组件的用户定义程度高、成本高，这使得通用组件的共享和功能组件的更换成为一种经济节约的开发目标。模块化为复杂产品系统产品族有效开发提供了前提，而产品族内部通过组件共享（如共享通用组件、更换某些功能组件，实现用户的差异化需求）又可以进一步从资源共享的角度降低产品族开发的成本，降低重复性研发，最大化利用复杂核心技术。

组件共享为功能技术平台、产品平台的形成奠定了基础。共享的组件逐渐演变为一个稳定的平台，特殊定制化、差异化需求通过供应商的模块创新实现。进一步，产品族是一组共享一些通用元素的产品。Hofer等（2005）指出，模块化的产品结构，为产品族提供了一个通用的布局。组件是指产品中包含一个具有关键设计概念，并且有清晰定义的功能的物理部分。在模块化产品中组件也通常被称为功能模块。

复杂产品系统模块化的开发过程，常依赖于平台的支撑（Hofer et al.，2005；Alblas et al.，2014）。薄洪光等（2016）在复杂产品系统创新背景下，分析了平台如何拉动复杂产品系统创新能力的提升，得出搭建集成制造管理平台是促进复杂产品系统制造企业产品技术升级的关键点。产品平台、功能平台、技术平台均是从不同的视角对复杂产品系统中共性元素和差异性元素区分的结果；平台是共性元素的集合，而非平台元素则可满足复杂产品系统个性化、定制化需求（Alblas et al.，2014）。平台为复杂产品系统模块化开发提供了一个通用的基础。在平台的基础上，通过模块的升级和更换，可快速实现同一产品族和跨族群产品的有效开发。平台模式的本质在于复杂产品系统多项目间组件共享（Oshri et al.，2005），并且有效地避免复杂产品系统项目间相同元素的重复设计。李春田（2012）指出，模块化平台是企业标准化平台战略的一个重要手段，在系列化的模块化产品设计过程中，围绕通用模块及标准接口可打造出产品创新平台。模块化设计的关键在于设计出一套便于组合的模块与接口，而通用模块和标准接口的积累过程，就是模块化平台的建造过程。

（3）标准化相关研究

孙耀吾等（2017）指出，技术标准化与模块化之间的关系已经引起了很多学者的关注；同时还提出，复杂产品系统的技术标准化问题已成为标准化研究的前沿，亟须展开深入探究。Sun 等（2020）认为，标准化是确保复杂产品系统模块化开发、内部组件共享得以实现的关键，三者不可分割，互为支撑。贺俊等（2018）以高铁动车组为例，指出标准化是提高复杂产品系统运营效率的前提。陈劲等（2006a）认为，基于模块化模式的复杂产品系统创新，必须要确保协同机制的存在，而协同机制形成的关键点之一在于设计具有兼容性和通用性的模块接口，并且接口一定是标准的。胡晓鹏（2005）对基于技术标准化的产业标准化与基于功能标准化的产业模块化进行了比较分析，指出产业模块化不仅是对产业标准化的升级，也是对产业标准化的整合。产业标准化与产业模块化虽然都具有简化和统一的作用，但是二者的焦点存在差异：前者针对产品内部，具有多样性、关联性的技术特性；后者则针对产品本身或其内部组件。同时，二者的目标也有所不同：前者意图增强不同制造方间的要素互换、通用的可能性；后者在于提高产品功能的标准化。另外，二者面向的对象也有所差异：前者面向产品制造方；后者则既面向制造方又面向消费者。

李春田（2007）将模块化纳入标准化的范畴，认为前者是后者的高级形式，通过将具有特定功能的标准模块作为产品主体，从而实现标准化。李春田（2015）还提出了针对复杂产品系统开展标准化的三种运作模式：基于黑箱理论的模块化、基于系统理论的综合标准化、模块化与综合标准化互相融合。他指出，模块可以分为基本模块、辅助模块、专用模块、附加模块、扩充模块五大类。模块化平台是企业标准化平台战略的一个重要手段，在模块化设计过程中确定的通用模块及标准接口不断积累，形成模块化平台（李春田，2012）。

3. 组织复杂性研究聚类

（1）组织间网络相关研究

复杂产品系统开发和创新的主要组织形式为组织间合作网络，这点基本上已成为该领域研究者的共识。如陈占夺等（2013）指出，复杂产品系统具有跨企业性，需要多企业参与。Naghizadeh 等（2017）以现代航空器为例，指出复杂产品系统，其设计需要来自不同科学和工程领域的广泛知识，在系统项目的开发过程中，有效的创新网络是必要的。Hobday 等（2000）认为，复杂产品系统的研制网络包括制造企业（即系统集成商）、组件供应商、承包商、用户、监管单位等行为主体。Chen 等（2007）同样肯定了组织间网络的重要作用，并进一步探讨了在组织间网络环境中，复杂产品系统的知识管理活动。

（2）制造企业与供应商间关系

考察制造企业与供应商间的相互作用，主要运用博弈分析法。例如，程永波等（2016b）梳理了上述二者在复杂装备研制过程中的动态交互，通过建立主从合作激励协调博弈模型来分析制造企业的最优激励策略设计问题，以及供应商最优努力策略选择问题。研究发现，在最优激励水平，制造企业可达到利益最大化并诱导供应商处于最优努力水平。王欢等（2019）针对在产品研制初期，制造企业由于系统集成能力弱、市场话语权弱，与供应商还未形成稳定的合作关系，在项目谈判中不占优势这个问题，提出叫价拍卖灰博弈模型，为破解制造企业在产品定价上受供应商牵制的问题提供了策略建议。

（3）制造企业相关能力

Safdari 等（2018）指出，由于复杂产品系统的特点显著异于大规模制造产品，因此在设计和制造的时候，制造商需要具备一系列能力以保证研发的顺利完成。Park 等（2014）以国家电子政府系统为例，分析了复杂产品系统成功开发所需的能力，指出紧密地网络化合作、获取知识，以及有效利用政策和制度的三种能力的重要性。鉴于制造企业的核心作用，其相关能力受到广泛关注。如 Naghizadeh 等（2017）基于现代航空器的案例分析指出，集成是复杂产品系统研发面临的一个极具挑战性的问题，另一个问题则是集成商（也即制造企业）的能力。已有研究中，不同研究背景和出发点使研究者所关注的能力有所差异。具体来讲，关于制造企业的能力讨论，较多聚焦于集成能力、技术能力、主导能力、动态能力这几个方面。对这几种能力的研究并非绝对独立，而是彼此交叉。需要注意的是，这里仅是对几个主要的研究聚类进行的总结。

①集成能力。系统集成是复杂产品系统开发最关键的步骤之一。制造企业的集成能力受到很多学者的关注（张国峥 等，2011）。系统集成能力内涵较广，不单指技术方面的集成能力，还涵盖项目、战略等方面的集成能力（江鸿 等，2019）。例如，江鸿等（2019）以中国高铁产业为例，从政企共演化角度，研究并提炼出集成商系统集成能力的"非均衡"演化路径。具体表现为：在时间顺序上，技术集成能力与项目集成能力的发展限于战略集成能力；在能力结构上，技术集成能力和项目集成能力总是高于战略集成能力。张国峥等（2011）聚焦知识集成能力，运用文献分析和访谈结合的方法，以航空复杂产品研发团队为对象，总结出包含知识特征、团队特征、产品复杂性、集成环境四个维度的知识集成能力评价指标体系。

②技术能力。Brusoni 等（2001a）认为，系统集成商需要具备跨越多个技术领域的知识。Prencipe（2000）对飞机引擎制造商技术能力的宽度和深度进行了研究，认为集成商不仅要专注于架构能力，还要深化组件技术，对组件运作有深入了解，这样才能更好地将外部生产组件整合到复杂产品中。Brusoni（2001b）等分析了企业在多个领域保持技术能力的原因，指出拓展知识边界才能更好地协调组件或知识领域，从而维持自身的系统集成能力。贺俊等（2018）研究了我国高铁的技术能力积累，指出"干中学""用中学""试验中学"是三种关键途径。另外，

在技术能力积累的过程中，依托高铁部门，创新体系日渐完备，消化吸收、正向设计和自主知识产权创新三种能力也逐渐增强。也有研究聚焦于吸收能力。如吕一博等（2012）基于扎根理论的探索性研究，以后发复杂产品系统制造企业为对象，对其吸收能力进行了分析，指出潜在吸收能力的影响因素主要有创新网络、知识源属性、先前知识和经验，而实际吸收能力的影响因素主要有个体学习、组织学习机制、研发投入、内部组织管理。

③主导能力。制造企业的主导能力也是受到较多关注的一种能力，研究中所探讨的协调能力、控制力等都属于该研究范畴。苏敬勤等（2012a）基于探索性案例研究，对中国机车车辆企业的核心技术控制力进行了分析，并构建了涵盖自主开发、技术平台及技术集成三要素的核心技术控制力概念模型。苏敬勤等（2014a）在此基础上构建了核心技术控制力动态演化模型，并运用一主多辅的多案例研究方法对模型进行检验。结果显示，产品平台、技术集成和自主开发分别通过遗传、变异和选择机制影响核心技术控制力演化过程。刘静等（2016）对我国复杂产品系统企业市场控制力的主要构成要素进行了探索，并最终得出政治政策能力、差异竞争能力和客户价值链管理能力是三个主成分因子。张米尔等（2007）指出，对于复杂产品系统制造企业来说，其集成能力非常关键，主导着子系统的整合和各个知识模块的集成。

④动态能力。苏敬勤等（2012b）从系统集成商视角展开探索性案例研究，指出市场控制力、核心技术控制力、动态能力是驱动复杂产品系统创新的关键要素，并在此基础上做了一系列研究。苏敬勤等（2014b）利用探索性案例分析，剖析了复杂产品系统创新中的动态能力，识别出该动态能力主要体现为感知客户导向、控制多组织协同、交互学习三方面的能力，并总结出政策搜索和高管社会资本、集成创新管理和自我组织网络、技术获取和知识吸收这几个子维度。苏敬勤等（2013a）以1986—2010年为时间窗，以中国轨道交通重点制造企业大连机车为例，研究了制造企业动态能力演化，指出感知市场、控制多组织协同及组织学习吸收三方面能力在不同阶段的变化趋势及速度。苏敬勤

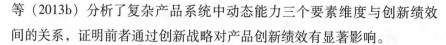

等（2013b）分析了复杂产品系统中动态能力三个要素维度与创新绩效间的关系，证明前者通过创新战略对产品创新绩效有显著影响。

（4）制造企业的竞争优势

有研究对复杂产品系统制造企业竞争优势进行了探讨。李随成等（2009）认为在服务经济时代，开展集成解决方案业务转型，为客户提供集成解决方案业务，已成为复杂产品系统企业获取竞争优势的有效方法；并进一步指出，外部环境、客户需求、服务经济效益、获取竞争优势、企业供给是其开展业务转型和提供集成解决方案的五个关键动力因素。陈占夺等（2013）以振华重工（国企）与春和集团（民企）为对象，分析了中国情境下复杂产品系统企业如何获取竞争优势。研究发现，产品特性促使复杂产品系统企业形成特有价值网络，不同的复杂产品系统企业具有不同的特有核心价值链，能够形成超越竞争对手的优势；并且这类企业价值网络具有动态性，其核心价值链的强度和竞争优势的贡献会随外部环境的变化而变化。苏敬勤等（2016）基于认知视角，运用探索性单案例法，以动态视角对中国复杂产品系统企业技术发展的主导逻辑进行了探索。结果显示，复杂产品系统企业中存在"技术归因"逻辑，有助于促使企业强化技术获取与产品研发任务，能够提升长期绩效、增强持续竞争优势。

4. 其他相关研究

知识管理是复杂产品系统研究中的一个重要组成部分，涉及的主题有知识创造、知识共享等。王娟茹等（2012）聚焦复杂产品开发中的关键干系人的知识共享，指出项目战略因素、干系人特征因素、技术因素、知识特征因素、组织因素和内部使能因素是影响知识共享行为的六个主要因素。进一步，王娟茹等（2015）还探讨了参与复杂产品开发的关键干系人（如集成商、供应商、最终用户等）的显性和隐性知识共享行为，并分析了两种知识共享行为对创新速度和创新质量的影响。李民等（2015）从知识的角度进行了研究，指出知识创造过程是复杂产品系统的研制核心，提出了基于知识三分法的知识创造模型，认为知识社会化、知识表出化、知识联结化、知识反思内在化、知识实践内在化和知识系统化六种模式相互作用，决定了复杂产品系统知识创造过程。

有部分研究者对复杂产品系统的内部结构进行了剖析，并在此基础上探索了系统技术演化。复杂产品系统主要由子系统、定制元器件、控制单元构成，其中控制单元主要在于将前两种构成要素连接起来。田丹等（2009）认为，各子系统表现出非均衡技术演进态势，根据技术演进速度快慢可将子系统分为快变量与慢变量。其中，前者关系着复杂产品系统的整体技术水平，后者关系着系统的基本性能，而子系统的模块化则为二者的适配贡献了技术机会。崔淼等（2012）运用探索性嵌入式案例研究方法，研究了大连机车八大复杂产品系统的技术演化，认为其技术系统包括架构、元件及测试技术三种构成要素。其中，测试技术是连接前两种要素的纽带；而从技术演化特征来看，主要表现为前两种技术要素并行消化吸收、第三种要素推动前两种要素发展、第二种要素研发模式多样。胡京波等（2014）探讨了以 SF 民机转包生产商作为核心企业的复杂产品创新生态系统演化，认为其经历了零部件转包生产、大部件制造与风险合作式研发三个环节，揭示了演化过程中关键因素，系统归纳了生态系统创新挑战影响核心企业的创新路径。Davies 等（1998）通过对通信技术标准案例的分析，研究了复杂产品系统中的技术创新模式如何受政府直接和间接控制的政策影响。Peine（2008）以智能家居为例，对复杂技术系统中的技术范式进行了研究，指出范式作为范例与作为共享的集团承诺之间的差别是技术变化中的重要特征，有助于理解多个产业共同影响创新的开放技术系统的动力。

"技术追赶"也是受到较多关注的一个主题。Kiamehr 等（2015）以伊朗的热电系统为例，研究了复杂产品系统后发企业战略。路风（2019）指出，中国高铁技术的进步并不依赖"引进、消化、吸收、再创新"这个路径，并强调了技术层面和国家层面因素的重要性。其中，前者体现为该产业已有的技术能力基础，后者体现为国家激励该产业创新的作用；同时，指出中国高铁技术领先的核心在于系统层次的创新。

复杂产品系统的创新也受到学者们的关注。冉龙等（2013）基于案例分析法，指出企业网络能力、创新结构及创新模式三者协同演化推动

了复杂产品系统的创新，并进一步分析了演化中表现出的阶段性自组织行为特点。Dedehayir 等（2014）分析了复杂产品系统之破坏性创新，指出其有别于大规模制造产品的破坏性创新之处在于，它并非是由低端利基市场培育的，最初是为了满足主流市场的性能需求，比在位技术具有更高的单价。

5. 复杂产品系统相关研究综述总结

总的来说，现有研究已逐步搭建起复杂产品系统理论的基础框架，但是仍旧有一些问题值得研究。比如，如何将上述几个方面（技术、产品、组织等）的研究结合起来，分析几者之间的关系，这是重要的现实问题。从研究方法来看，现有的复杂产品系统研究多采用定性分析法（Safdari et al.，2018），运用专利等数据的定量分析法成为亟需，这也在多个相关研究中被指出，填补该研究缺口势在必行（Acha et al.，2004；Appio et al.，2019；Roehrich et al.，2019）。

二、技术标准化研究文献分析

迄今为止，技术标准化相关研究已经产生了丰富的成果，但相关研究的大体边界和演变脉络有待系统化梳理，热点关注趋势也还较少被明确或总结。为了弥补这个研究缺口，本书拟运用科学的文献计量法——共词分析法及可视化技术，以 2001—2015 年以来发表在影响因子 1 以上的 SSCI 管理学相关国际期刊上的高质量论文为对象，进行学术关注度和关键词共词网络演化分析，呈献技术标准化研究领域知识图谱和热点聚类动态；同时，也为更好地理解本书中的"复杂产品系统的技术标准化"研究问题的价值，以及"制造企业技术标准化主导能力"的影响因素的来源提供启示。

1. 基于共词分析的技术标准化文献分析方法

关键词是对文献主题的高度凝练和概括，是一个领域知识点和研究热点的扼要表示（潘东华 等，2014）。共词分析法是内容分析法的一种，主要通过分析文章的关键词或主题词是否出现在同一篇文章及其共同出现的频率，从而判断两个词在研究中的密切程度。若两个词共同出现在同一篇文献中，表明二者具有研究相关性，共同出现频率越高，二者在研究上的关系越紧密，也表明相关主题的学术关注度越高。共词分析法涵盖高频词分析、因子分析、聚类分析、多维尺度分析等多种具体过程，可视化过程则通过 CiteSpace、SPSS、Ucinet、Pajek 等软件实现。通过共词分析，绘制研究知识图谱，可视化研究现状及热点，从横向、纵向两个维度描绘相关领域研究进程、主体结构及未来趋势，反映当前研究水平，展示研究主题变迁（潘东华 等，2014）。

由此，本书运用共词分析法对 2001—2015 年来自影响因子 1 以上的 SSCI 管理学相关期刊的 141 篇关于技术标准化研究主题的文献分阶段进行网络可视化分析。首先，搜索相关文献，提取文献中的关键词，采用高词频指标，从时间与内容两个维度刻画技术标准化主题的学术关注度，勾勒相关研究的关注焦点及领域边界。其次，根据提取的关键词，构建共词矩阵，并分阶段绘制技术标准化研究共词网络知识图谱，分析网络结构动态演变。再次，通过聚类分析，展示关键词网络的空间分布，揭示重要关键词之间的共现关系，并对研究热点路径变迁进行可视化动态演示。最后，总结分析结论和启示，凝练进一步研究的问题。

2. 技术标准化主题的学术关注度及其刻画

学术关注度是学术界对某一学术领域关注度的量化表示。本书从两个层面来对技术标准化主题的学术关注度进行刻画。其一，通过搜索相关文献，描述技术标准化主题文献数量随着时间变化呈现的演变趋势，即从时间维度上明晰技术标准化的总体学术关注度。其二，通过对搜索出的关键词进行规范整理，提取本书主题下的高频关键词，由此从内容上反映技术标准化的学术关注度，提取出技术标准化的研究背景、重要性质、典型研究样本等，勾勒出技术标准化研究主题的关注焦点和领域边界。

（1）基于文献发布量的技术标准化主题学术关注度分析

通过阅读文献及咨询技术标准研究领域的专家，本书使用 "Technological Standard" "Technological Standardization" "Dominant Design" "System" "Platform" "Two-Sided Markets" "Modularity" "Network Externalities" 及 "Technology Ecosystem" 作为主题词，搜索了 2001—2015 年

SSCI 管理学相关国际期刊上发表的影响因子在 1 以上的文献（Narayanan et al., 2012），最终搜索到 141 篇核心文献。由图 1.5 可知，2001 年以来的技术标准化主题研究经历了三个阶段：2001—2004 年，发文量基本持平，反映学者们对技术标准化研究的关注度保持平稳，关于技术标准化的基本性质、主要特征等基础理论框架趋于完善，这一阶段属于研究平稳期；2005—2010 年，研究成果明显波动，体现着技术标准化学术关注度的升降温，研究进入波动期，学者们开始在已有研究范围中寻找新的突破口；2011—2015 年，技术标准化研究主题又吸引了众多学者的关注，研究视角变广、边界拓宽，关键词涵盖领域有所拓展，研究进入新高潮，涌现大量成果，这一阶段是研究的拓展期。

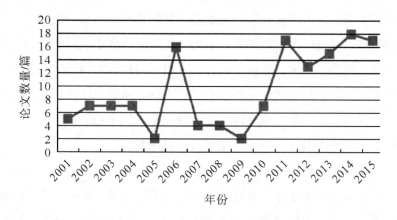

图 1.5　2001—2015 年技术标准化主题在国际上的学术关注度

（2）基于高频关键词的技术标准化主题学术关注度分析

高频关键词是研究主题包含的大量关键词中出现频次较多的一部分关键词，在众多的相关研究中均作为关键词，表示刻画研究主题的重要内涵与性质。通过获取技术标准化研究高频词，明确它们的含义与意义，可在内容上点明技术标准化研究学者重点关注的热点和方向，从而反映这一主题的学术关注度。

①关键词提取。对筛选得到的文献，进行关键词提取。对于原文中没有关键词的文献，通过邀请同领域的研究人员深度阅读文献进行提取。最后对提取结果进行对比，协商得出关键词。

②关键词规范化。通过查阅提取出的关键词，发现有多个关键词表达同一个意思，如 Technology Standard、Technological Standard、Technical Standards 等均表示技术标准，Intellectual Property Right 与 Intellectual Property 等均反映知识产权。另外，还有关键词以单复数形式分别出现在不同文献中。为了在之后的高频词分析中更加准确地反映不同关键词的学术关注度，需要对关键词进行规范。借鉴罗敏等（2014）的关键词规范化手段，结合本书的研究实际，针对不同情况，对同义关键词的不同表达、单复数进行统一。

③高频关键词分析。对已获取的关键词进行初步分析，筛选高频关键词，从具体内容上明确技术标准化的学术关注度，明晰技术标准化研究总体架构、研究基础与核心概念，明确研究关注焦点和领域边界。对于词频分布研究，最早可追溯到齐普夫定律，而在齐普夫定律基础上，大量学者对高低频词分界点方法进行了研究。其中 Pao（1978）提出词频由低到高，高低频词会在某个地方出现"拐点"，而这个拐点就出现在词频特征趋向统一的时候，由此得到

$$n = \frac{1}{2}(- 1 + \sqrt{1 + 8I_1}) \tag{1.1}$$

其中，n 表示高频词和低频词的分界频次，I_1 表示研究中词频为 1 的词汇数量。由此确定 2001—2015 年技术标准化研究主题高频关键词。对搜索到的 141 篇文献中的关键词规范化后，得到 434 个有效关键词。其中，词频为 1 的关键词共 355 个。计算可得，n 为 26.15。为了对高频词有更全面的了解，对 n 值取自然对数，得到高频词阈值为 3.26。由此得到频次在 4 及 4 以上的关键词 28 个，如表 1.2 所示。

基于表 1.2，可进一步挖掘出研究重点关注的核心概念，描绘出技术标准化研究主题总体概况与基础架构，从而在内容层面反映技术标准化主题的学术关注度。"Technological Standard""Platform""Modularity""Dominant Design""Network Externality""Two-Sided Market""Technological Standardization"作为研究的搜索主题词，属于研究核心高频关键词。其余高频关键词属于衍生关键词，分别从研究背景、对象、性质等

方面刻画出技术标准化研究主题的学术关注度。技术标准化研究依赖技术创新背景与网络化研发形式，以开源软件、视频游戏、移动互联网为典型研究样本，聚焦于标准、主导设计、标准化、标准竞争等核心主题，融合平台、双边市场商业模式，结合网络效应、网络外部性等与标准化密切相关的网络性质，探索模块性、互补性、复杂性、兼容性等技术系统内部重要性质，从企业和产品两个层面，剖析技术联盟与产品结构。

表1.2 2001—2015年技术标准化研究高频关键词

关键词	词频/次	关键词	词频/次
Technological Standard	35	Standards Competition	6
Network Effect	23	Mobile Internet	6
Platform	20	Switching Cost	5
Modularity	18	Network	5
Dominant Design	18	Complexity	5
Network Externality	17	Technological Evolution	4
Innovation	16	Technology Alliance	4
Two-Sided Market	12	Technology	4
Complementarity	10	Product Architecture	4
Technological Standardization	9	Pricing	4
Patent	9	New Product Development	4
Bundling	8	IPR	4
Open Source	7	Entrepreneurship	4
Video Game Industry	6	Compatibility	4

3. 技术标准化研究共词网络生成及其结构演化

（1）技术标准化研究共词网络生成

以技术标准化主题的学术关注度为依据，构建技术标准化研究共词网络。若两个关键词出现在同一篇文章中，则认为两者共现一次。根据已获取关键词两两共现次数，生成关键词共现矩阵，然后用Pajek软件绘制出技术标准化研究主题关键词共现网络。具体而言，基于时间维度上的学术关注度，用已获取的高频关键词，分别构建研究上述三个阶段关键词的共现网络。为了避免如果在分析中只以高频词构建知识网络，就会限制网络规模，致使分析过于狭窄的情况，应适当放宽关键词范围。提取出现频率大于等于 2 的关键词，生成对应阶段的技术标准化研究共词网络。由此分别生成平稳期（2001—2004 年）、波动期（2005—2010 年）及拓展期（2011—2015 年）三个阶段的共词网络（如图 1.6 所示），在此基础上进一步探讨技术标准化研究主题共词网络的结构演变及聚类，厘清技术标准化研究主题的热点变迁。

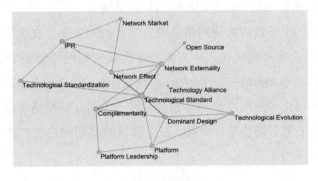

（1）平稳期

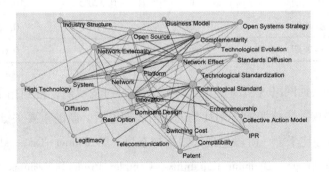

（2）波动期

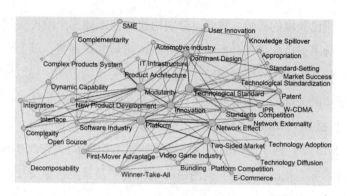

（3）拓展期

图1.6　技术标准化研究各阶段的共词网络

（2）技术标准化研究共词网络结构动态演变

从上述三个阶段的共词网络来看，学者们的关注点发生了改变，共词网络发生了结构性变化。一方面，各阶段共词网络核心词汇经历了"Technological Standard→Technological Standard→Platform"的演变路径，且不同关键词受关注程度也不尽相同。另一方面，从网络规模、网络密度、网络中心势等结构特征来看，三个阶段的共词网络也产生了动态演进（如表1.3所示）。

表1.3　技术标准化研究三个阶段的共词网络结构特征

技术标准化研究阶段	网络规模	网络密度	网络中心势
平稳期	13	0.320 5	0.352 3
波动期	27	0.361 8	0.151 5
拓展期	40	0.211 5	0.095 8

一是共词网络规模演变。从研究平稳期到波动期，再到拓展期，重要关键词数量持续增加，尤其是进入拓展期以后，新的重要关键词涌现，网络规模相比于第一阶段呈现大幅增加态势。如Winner-Take-All、First-Mover Advantage、Dynamic Capability、Complex Products Systems 等引起技术标准化研究学者们的关注，成为研究中突现的重要关键词。

二是共词网络密度演变。前两阶段网络密度逐渐增大，关键词关联程度增加，表明学者们在现有研究基础上进行了深入探索，对重要关键词进行了详尽分析。而拓展期，网络密度较前两阶段大幅下降，关键词联系程度变得松散，进一步表明新的关键词大量出现，研究主题不断拓展，研究主题和研究视角间差异性增加。

三是共词网络中心势演变。共词网络中心势逐渐降低，表明研究集中程度减小，众多重要关键词引入，研究呈现多类型、多视角共存的情形。

总的来说，21 世纪以来，技术标准化研究共词网络结构发生动态演变。从平稳期到波动期，技术标准化研究在原有基础上不断完善，也迫切需要寻找新的研究视角和切入点。而进入拓展期，研究关键词基数、关联程度、集中程度均发生明显改变，共词网络结构经历显著变化，技术标准化研究关键词不断增加，研究不断拓展，新的研究视角、研究方向及研究分支出现，同时也产生了新的研究热点。

4. 技术标准化研究关键词聚类与热点主题演化路径

（1）技术标准化研究各主要时期关键词聚类与热点主题分析

关键词是对研究主题的反映，通过关键词聚类可以梳理出各阶段的热点研究主题。技术标准化研究关键词联系错综复杂，从各角度进行的研究交错重叠。为了更清晰地掌握各阶段研究分支，指明不同时期的技术标准化研究聚类，识别研究热点主题变迁，本书运用 Ucinet 软件，对上述三个阶段的共词网络进行聚类分析（如图 1.7 所示），然后结合不同聚类中关键词对应的文献，凝练出各阶段热点主题。

```
                                    1          1 1        1
                                  8 9 1 6    1 4 3 2 0 5  3 2 7
                                  T N I N    T P P T D C  T O N

 8  Technological Standardization  2 1       1
 9  Network Market                 2 1 1
11  IPR                            1 1 2 1               1
 6  Network Effect                 1 1 2      2          1

 1  Technological Evolution                   2 1 1 1
 4  Platform Leadership                        2 1   1
13  Platform                                  1 1 2 1 1
 2  Technological Standard         1   2      1 1 2 2 2  2
10  Dominant Design                           1 1 2 2 1
 5  Complementarity                           1 2 1 2   1

 3  Technology Alliance                                  2 1
12  Open Source                                          2 1
 7  Network Externality            1 1        2   1      1 2
```

（1）平稳期

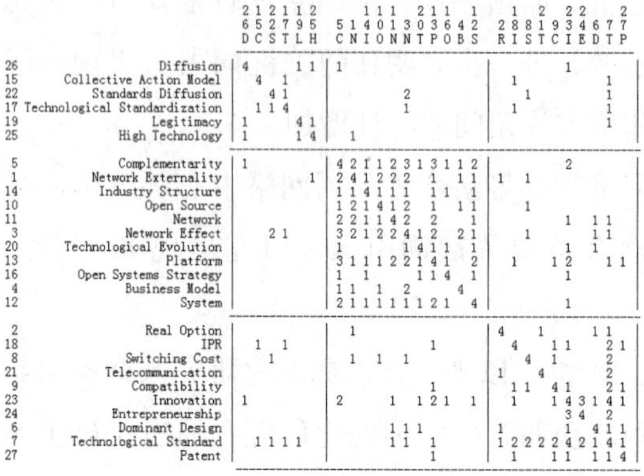

图 1.7 所示技术标准化研究各阶段关键词聚类矩阵（波动期）：

```
                                         2 1 2 1 1 2     1 1 1     2 1 1     1     1 2 2 2     2
                                         6 5 2 7 9 5     5 1 4 0 1 3 0 3 6 4 2     2 8 8 1 9 3 4 6 7 7
                                         D C S T L H     C N I O N N T P O B S     R I S T C I E D T P
26  Diffusion                            4     1 1       1
15  Collective Action Model              4 1
22  Standards Diffusion                    4 1               2           1               1
17  Technological Standardization        1 1 4                         1               1
19  Legitimacy                                 4 1                                         1
25  High Technology                      1     1 4     1

5   Complementarity                      1           4 2 1 1 2 3 1 1 2                   2
1   Network Externality                            1 2 4 1 2 2 2   1 1 1     1 1
14  Industry Structure                           1 1 4 1 1 1                 1 1
10  Open Source                                  1 2 1 4 1 2   1 1 1             1     1 1
11  Network                                      2 2 1 1 4 2                     1     1 1
3   Network Effect                       2 1         3 2 1 2 4 1 2   2 1         1     1 1
20  Technological Evolution                              1 4 1 1             1     1
13  Platform                             3 1 1 1 2 2 1 4 1   2         1       1 2     1 1
16  Open Systems Strategy                1 1         1 1 4       1                   1
4   Business Model                       1 1     2     2 4                     1
12  System                               2 1 1 1 1 1 2 1   4                     1

2   Real Option                          1 1         1                 4     1 1         2 1
18  IPR                                  1                               4       1       2 1
8   Switching Cost                       1                                 4     1         2
21  Telecommunication                                                         4           2
9   Compatibility                                      1             1 1 4 1         2 1
23  Innovation                           1           2     1 2 1         1   4 3 1 4 1
24  Entrepreneurship                                                     3 4     2
6   Dominant Design                                1 1 1             1     4 1 1
7   Technological Standard               1 1 1 1         1 1           1 2 2 2 2 4 2 1 4 1
27  Patent                                                 1                   1 1 1 1 4
```

（2）波动期

```
                                            2 2 2 1 2 2 2 2 3 1 1 1 3   2 1 1 3 2 3 3 3   2 4 2   1 3   1 3 1 1 1
                                            1 2 3 4 5 6 7 8 9 0 3 2 8   9 5 4 7 6 9 0 4   8 0 5   9 0   2 4 6 7 8 9 5
                                            T T S W C D S S O K I P C   M D D I C A I U A   N T V E W N S F P T P B T
21  Technological Standard                  5 1 1 2         1   2 3     1 1 1             1 1     1 1 2 1
22  Technological Standardization           1 5 1       1 1 1         1               1
23  Standard-Setting                        1 1 5
14  W-CDMA                                   2   5               1 2
25  Complementarity                             5 1 1 1       1 1                             1
26  Dynamic Capability                         1 5 1 1                                     1
27  Software Industry                         1 1 5 1       1                               1
28  SME                                       1 1 1 5 1
31  Open Source                             1         5       1                       1
10  Knowledge Spillover                         1 1 5 1     1                         1
13  IPR                                     2 1     1         5 2         1                 1
12  Patent                                  3 1   2       1 2 5           1
38  Complex Products System                               1   2 5

9   Modularity                                1     1 1     5 1 2 3 3   1 1 1 3 4 1             1
35  Decomposability                                         1 5   1                         1
24  Dominant Design                         3             2 5 2   1 1 2 1             1 2 1     1
17  Innovation                                        1   3 2 5 1 1       1 1 1     2           1 2
16  Complexity                                            3 1 5 1   1             1
39  Appropriation                                           1 1 5 1 1
20  Integration                                   1           1 5 2             1
36  Market Success                                1           1 2 5         1             1
34  Interface                                                 1 1 5 1           1
8   User Innovation                        1                 1 1   5
30  Automotive industry                                      1 1   5
5   New Product Development                                3 1 1 1       5 1                 1
29  Product Architecture                                                5 1             1
40  IT Infrastructure                                          1 5

2   Network Effect                         1             2             5 3 2 1 1 2 2 1   1 5 1 1
1   Two-Sided Market                                 1           1     3 5 2 1 1         2 1 3 2 1
3   Video Game Industry                                                2 2 5 1     1 1
7   E-Commerce                                                        1 1 5   1 1     1 1
32  Winner-Take-All                        1                             1 1 5     5 1 1 1
11  Network Externality                                          2       1 1     5 2         1 1
4   Standards Competition                  2                     2       2 2 5           1
33  First-Mover Advantage                  1                     1         2 1 5     5
6   Platform Competition                                                 2 1 1 5         1
37  Technology Diffusion                                   1                 1     5       1
18  Platform                               1   1 1       1 1 1 2   1     5 3 1 1 1 1       5 1
19  Bundling                                                             1 2 1             1 5
15  Technology Adoption                    1
```

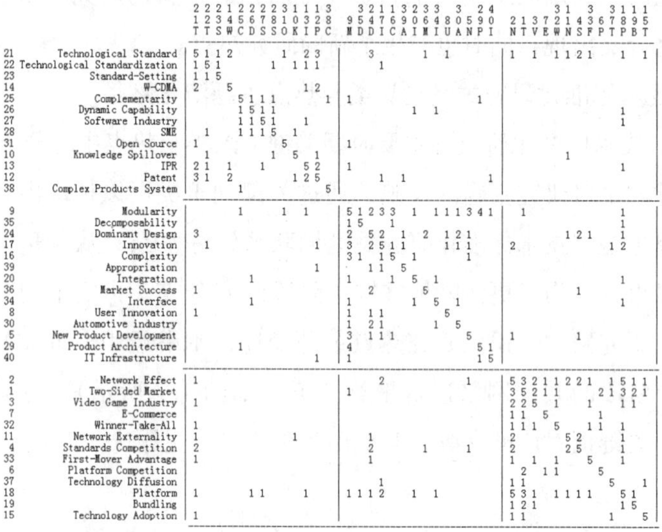

（3）拓展期

图 1.7　技术标准化研究各阶段关键词聚类

①技术标准化研究平稳期关键词聚类与热点主题分析

由图 1.7 可知，平稳期技术标准化研究可基于以下三个聚类来分析：其一，基于 Technological Standardization、Network Effect、IPR 等高频词展开的研究；其二，围绕 Technological Evolution、Platform、Technological Standard、Dominant Design 及 Complementarity 等高频词展开的研究；其

三，基于 Technological Alliance、Open Source 及 Network Externality 进行的研究。

针对不同聚类中的关键词，结合对应文献，归纳整合出技术标准化研究平稳期的三个研究热点主题。

第一，分析网络效应或网络外部性在技术标准化及标准扩散中的作用。技术标准涉及的很多产业都具有双边市场特性，在网络效应或网络外部性的作用下，某一方的变化会带来另一方或其他因素的改变。在具有网络外部性特征的产业中，单个技术标准通常上升为主导技术，从而对竞争性技术进行锁定（Schilling，2002）。对于主导技术拥有者而言，通过互补品的开发可进一步获取市场份额（Gallaugher et al.，2002）。具有网络外部性的技术扩散理论有助于分析技术标准化研究领域的诸多问题，基于此，Bonaccorsi 等（2003）对开源软件所引发的动机、协调与扩散三个经济问题进行了解释。

第二，探索知识产权在技术标准化及标准扩散中的关键作用。知识产权是技术标准化的基本要素，技术标准化在很大程度上是基于知识产权的竞争与合作过程。Bekkers 等（2002）研究了知识产权的所有权如何影响通信行业标准化过程。从理论上来讲，一方面，知识产权保护程度越高，企业为了将其技术组合的价值杠杆化，越有可能将其技术标准化；另一方面，技术领先企业反而不需要标准化来实现其产品的市场推广。Blind 等（2004）指出，企业的专利强度越高，其参与技术标准化过程的可能性就越低。

第三，聚焦于从技术角度探讨平台领导地位的意义及获取路径。平台企业是平台的领导者，获取领导地位有利于其掌握平台资源，进一步促进自身发展。Cusumano 等（2002）指出，平台领导者可以创造出价值大于参与企业之和的产业生态系统。Venkatraman 等（2004）认为，网络结构和平台技术特点均对互补者与平台企业间的优先连接产生影响。

②技术标准化研究波动期关键词聚类与热点主题分析

由图1.7可知，波动期的技术标准化研究可基于以下三个聚类来分析：其一，基于 Standard Diffusion、Diffusion、Technological Standardization、High

Technology 等关键词展开的研究；其二，围绕 Complementarity、Network Externality、Network Effect、Network、Platform 等高频词进行的研究；其三，基于 Switching Cost、Innovation、IPR、Patent、Technological Standard、Dominant Design 等关键词进行的技术标准化探索。

结合各研究聚类中关键词对应的文献，提炼整合出技术标准化研究波动期的四个热点主题。

第一，对网络效应与外部性的深入分析。Parker 等（2005）提出了一种基于网络效应、价格歧视与产品差异化的双边网络外部性模型，揭示了企业如何在提供免费产品中获益，以及如何为信息产品设计提供启示。对大量高技术产品而言，使用者效用与产品安装基础密切相关，这是网络外部性的一种体现。由此，Prasad 等（2010）对比了网络外部性和成本的对称或非对称对捆绑策略的影响。

第二，追踪互补性在平台研究中的重要作用。Xu 等（2010）结合技术等级，将硬件和软件平台间、软件平台与应用间、应用与服务间的互补性概念化，分析其对平台领导、网络效应及创新生态系统的影响。Srinivasan 等（2010）从互补性出发，认为平台提供者与互补者之间连接度、平台间重叠度等均会对平台在市场中的主导程度产生影响。

第三，分析主导设计或行业技术标准的形成前因。研究进一步肯定了专利和知识产权在资源配置中的核心作用，并且还从创业角度展开标准化的探索。Clymer 等（2008）以喷墨打印机行业为例，指出该行业主导设计可由专利量化体现，不同类别专利数量是其资源配置的体现。Rysman 等（2008）通过专利引用，分析探讨自愿标准设定组织（SSOS）的经济价值和技术意义。Song 等（2010）从新创企业角度分析了在已有标准与新兴标准两种情况下，市场信息对创业绩效影响的差异。Waguespack 等（2009）分析了新创企业参与技术标准开发的四种途径。

第四，探讨转换成本在标准化或者新的开放标准扩散过程中的作用。研究基本达成一个共识，由于转换成本的存在，即使新的开放标准优于以前的标准，新标准在市场中扩散也会受到阻碍，扩散速度也会降低。Chen 等（2006）指出，转换成本的存在会导致新技术采用低效，而技术供应商可通过横向兼容竞争对手产品、纵向兼容互补品、拓宽产品线、创造产品套件等行为，影响新技术采用速度。Zhu 等（2006）认为，尤其对于原标准使用者来说，以往经验会增加转换成本，阻碍新标准的采用。

③技术标准化研究拓展期关键词聚类与热点主题分析

在近几年的技术标准化研究中，热点关键词基数爆发式增长，各流派的研究相互交织，但依旧可通过聚类来厘清研究脉络，析出研究热点。由图 1.7 可知，拓展期的技术标准化研究可基于以下三个聚类来分析：其一，以 Technological Standard、Technological Standardization、Complementarity、Open Source、IPR、Patent 等高频词为核心展开研究；其二，主要建立在 Modularity、Decomposability、Dominant Design、Complexity、Integration、Interfaces、New Product Development、Product Architecture 等关键词之上的研究；其三，囊括了 Network Effect、Two‐Sided Market、Winner‐Take All、Network Externality、Standard Competition、Platform Competition、Technology Diffusion、Platform、Technology Adoption 等一系列关键词的研究。

这一阶段各研究聚类与前两阶段有所重叠，但出现了一些新的研究视角。结合对应文献，梳理出本阶段的五个研究热点。

第一，分析基本专利、基本知识产权的重要作用。专利与知识产权作为技术标准形成的基础依然受到重视，但是研究者更深入地分析了基本专利的重要作用。无论是专利持有企业还是研究者，都越来越将目光锁定在基本专利，认为基本专利或基本知识产权是持有人在技术标准中拥有话语权的重要武器。Bekkers 等（2011）分析了兼容性标准基本专利的决定因素。Berger 等（2012）研究了产业标准基本专利的申请行为。获取基本知识产权对产业创新和竞争非常关键。Kang 等（2015）实证分析了基本知识产权的决定因素。

第二，从产品结构出发，研究模块性、互补性等性质对合作创新产生的影响。Lau 等（2011）研究认为，产品模块性与产品创新性间存在倒 U 形关系。Kude 等（2012）指出，不同程度的互补性会影响互补者与核心企业间的合作。Cabigiosu 等（2012）深入到复杂产品内部结构，

研究了汽车行业模块化、界面以及外部创新源的集成。

第三，从产品过渡到组织，探索产品结构特性与组织结构的关系。Cabigiosu 等（2012）探讨产品模块性与组织模块性的镜像假设，剖析二者是否、在何种程度、在什么情况下具有密不可分的对应关系。Maccormack 等（2012）同样从镜像假设出发，研究产品结构与组织结构间的二元性，发现松散耦合较紧耦合的组织结构生产出的产品模块更多。Baldwin 等（2014）定义了核心—外围、多核心、分层三种基本系统结构，并指出大多数复杂技术系统结构是核心—外围结构。

第四，从"平台竞争"的视角挖掘平台在技术标准研究体系中的意义所在。Hossain 等（2011）认为，平台竞争无处不在，若平台是垂直差异化，则市场中会出现多平台共存的情形；若平台是横向差异化，则市场会形成另外一种情形。Cennamo 等（2013）认为，平台竞争受到重要战略交易的影响，"赢家通吃"方法并不总能为平台企业谋取竞争优势。

第五，结合社会、经济等因素，探讨技术采用及标准扩散。有别于前两阶段，这一阶段没有将目光锁定在某一特定视角，而是从社会、政策、金融等多方面进行分析。Hovav 等（2011）指出，架构技术标准采用的决定因素，不仅要考虑社会和政策原因，也要从技术层面进行考虑。Viard 等（2014）认为，如何扩张内容与量化内容投资都是影响互联网技术采用的关键因素。

（2）技术标准化研究热点主题的演化路径

综上分析，可得到技术标准研究热点主题动态演化的几条主要路径，如图1.8所示。

其一，关于技术标准化的研究，学者们从网络效应、网络外部性、转换成本视角进行了深入分析，由此也形成了技术标准化研究的一条基本主线。这些研究日趋成熟，研究成果丰富，构成了技术标准化研究的基本框架。目前，关于技术标准化影响因素的研究转向社会、经济等宏观视角，将进一步补充完善这一研究主题。

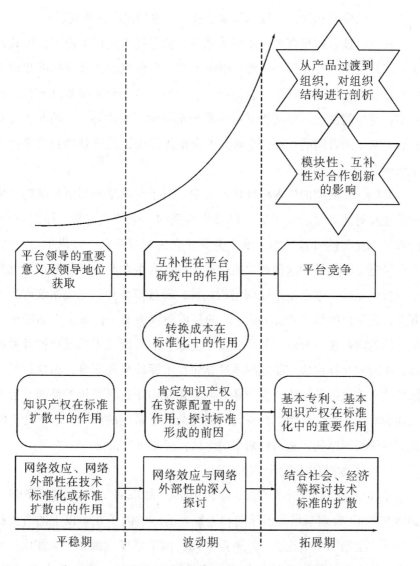

图 1.8 技术标准化研究热点主题动态演化路径

其二，知识产权是技术标准化的重要基础。知识产权拥有者通过网络效应、网络外部性可获得巨大收益。在技术标准化研究的过程中，研究热点越来越聚焦于基本专利与基本知识产权。基本专利、基本知识产权是技术标准化的核心要素，围绕基本专利、基本知识产权，众多相关专利共同组建为一项技术标准。由此，技术标准化的研究，经历了由一般意义上的专利和知识产权到基本专利、基本知识产权的变迁。

其三，技术进步带来商业模式创新，信息技术发展促使平台模式兴起，越来越多的产业以平台模式组织生产，平台也成为技术标准化研究中的重要组成部分。对于平台的研究，经历了从平台领导到互补性，再到平台竞争的变迁，即剖析平台中两个重要的行为主体——领导者与互补者，基于两者间的互补关系研究平台整体发展，最终延伸到对平台竞争的研究。

其四，在近期的技术标准化研究中，对于产品结构和组织结构变化的关注及对两者结合的研究，已成为研究的一个热点趋势。原因在于，随着技术复杂性日益增加，单个企业独立决策与经营、提供单边产品、在市场上下游交易的这种产业结构逐步转变为企业与企业间准市场化的平台组织形式。平台是企业网络的一种，通过模块化，完成系统产品的开发，为用户提供"产品+服务"的集成解决方案。由此，产品结构与组织结构间存在一种对应关系。由于复杂产品系统技术的复杂性及系统性，不同的互补模块产品之间通过界面技术标准彼此嵌合，而这种模块间的关联又映射到模块开发企业之间。正是由于这种系统产品与平台组织间的对应关系，学者们在研究一项复杂产品系统的同时，才不能忽略其对应的组织结构，从而将两个层面结合起来深入探讨。

5. 技术标准化相关研究综述总结

该部分应用共词分析方法，以及 Ucinet 和 Pajek 软件，基于 2001—2015 年 SSCI 管理学相关国际期刊上发表的影响因子在 1 以上的有关技术标准化主题的学术论文，从时间、内容两个维度刻画学术关注度，从三个阶段进行共词网络结构演变与聚类可视化分析，揭示其内在机理、特征与规律，得到如下基本结论。

其一，技术标准化主题的学术关注度从平稳、波动到拓展，展现跨界融合研究趋势。其中，技术标准与专利、知识产权的融合研究，技术标准化与复杂产品系统、平台商业模式的融合研究，技术创新与产品创新、组织结构创新的融合研究等趋势尤为明显。

其二，共词网络结构在规模、密度和中心势方面发生动态演变，技术标准化研究内涵不断延伸与扩展，研究热点具有明显演变路径。转换成本、网络效应等技术标准专有特征，知识产权、商业模式创新，以及产品结构和组织结构变化等，是学者关注重点及演变的主轴。这表明在现实中，技术的复杂性及创新多样性显著增加，研究的广度与深度也在大幅增加。

其三，2011 年以来，关键词数量呈爆发式增长，技术标准化研究框架下衍生出一些重要的新方向。例如，对基本专利和基本知识产权的关注，对产品结构、组织结构，以及复杂性、模块性、互补性等特性的探索等，成为新的研究热点，也为未来研究提供了方向和启发。其中，基于高技术复杂产品/服务系统的技术标准创新管理问题是逐渐兴起的研究热点。随着技术进步和经济社会的发展，现代通信装备、轨道交通、大飞机等复杂产品/服务系统快速发展和转型升级。由于复杂产品系统具有高技术特性及复杂性、系统性等特性，模块化程度不断提高。越来越多的具有复杂结构的产品通过网络化、模块化的方式生产出来，产品模块通过界面技术标准集成为系统产品。由此产生的技术标准及其创新管理问题，尤其是界面技术标准系统创新，参与产品/服务系统的组织间网络化合作创新，平台化组织及其商业模式创新，平台企业/网络核心企业的主导作用及其方式、路径、绩效评价、能力等，都亟须系统深入地研究。

三、创新网络嵌入性研究述评

创新网络是一种创新组织形式，这种组织形式有助于网络中的创新主体降低独立创新产生的风险，还可加速网络主体间创新资源的流动，提高创新资源的适配效率，从而提高创新产出。创新网络相关研究，主要基于创新网络治理理论、社会资本理论、知识基础理论等，可归纳为以下三大板块：从生态系统构建视角展开的对创新网络治理的探讨，从商业模式创新视角展开的对创新网络演化的研究，从社会资本视角展开的对创新网络及其主体嵌入性属性与特征的分析。结合本书的研究问题三和问题四，本书重点对创新网络嵌入性相关研究进行综述。

创新网络嵌入性是指网络主体（多指企业）在创新网络中与其他主体基于过去的联系而逐渐形成的相对稳定的关系和依赖性（施萧萧 等，

2021；Shi et al.，2019；李杰义 等，2018）。一般而言，创新网络的嵌入性可以从整体和个体两个层面来研究。前者基于整体网络分析法，对网络的中心程度以及网络中结构洞数量的多少、凝聚性、密度等特征展开分析；后者基于个体网分析法，对网络中的焦点个体（多为企业）在网络中的中心度程度、中介程度等网络指标展开分析。以此为基础，探讨这些嵌入性特征对企业创新相关的绩效、能力等产生的影响。

嵌入性的相关分析，主要聚焦于关系嵌入性和结构嵌入性两类（李杰义 等，2018）。王丹丹等（2022）基于我国新能源汽车产业2009—2020年的专利合作数据，构建了产业技术创新网络，基于专利统计数据和产业关键政策的时间节点将技术创新网络演进划分为三阶段，进一步从结构和关系两个嵌入维度出发，仿真分析了嵌入性风险作用下创新网络结构和功能的演变情况。戴海闻等（2017）以中国汽车产业中360家参与正式标准制定的企业的标准联盟组合为样本，实证分析了企业拥有的嵌入性社会资本对创新绩效的影响。具体而言，以关系数量和关系强度来刻画企业的关系资本，以网络密度来刻画企业的结构资本。

有学者重点围绕关系嵌入性展开了研究。例如，杨靓（2021）发现，现有研究多关注以专利和科学出版物为载体的合作关系，很少关注企业和学研机构间以论文为导向的合作关系，故以此展开研究，分析基于论文合作关系形成的科学合作网络的关系嵌入性对企业技术创新绩效的影响。吴松强等（2019）通过对江苏先进制造业集群样本展开调研，实证分析了以关系强度和关系质量为代理变量的关系嵌入性对企业创新绩效的影响，以及动态能力在其中的中介作用。

也有学者对结构嵌入性展开了研究。例如，孙雯等（2023）基于重大科学工程协同创新的特殊语境，从网络视角出发，从微观个体层面切入，通过调研329个参研人员样本数据，对任务冲突影响重大科学工程协同创新网络中参研人员结构嵌入性的作用机制进行了探讨。冯科等（2018）从网络层面展开分析，探讨了协作研发网络结构嵌入性、技术标准集中度与强化型技术融合及新型技术融合间的关系。

在结构嵌入性的研究中，位置嵌入（也称网络位置）受到研究者们的广泛关注（Hovav et al.，2011）。网络位置是网络主体间建立关系的结果，位置的差异代表着资源和信息获取的差别（孙耀吾 等，2021）。在复杂产品系统理论中存在着模块化产品与模块化组织间的镜像假设（如产品模块性与组织模块性间存在一一对应关系）（Maccormack et al.，2012），尽管这个假设近年来受到一些争议（Cabigiosu et al.，2012；Furlan et al.，2014），但不可否认的是，复杂产品系统相关企业以网络化的形式连接在一起。而不同的企业凭借提供不同的组件及各异的资源能力，在网络中拥有不同的网络位置。企业的网络位置的静态反映是其在网络中的位置。网络位置是网络主体获取社会资本的一个载体，处于不同的网络位置，行为主体可通过与网络中其他主体间的互动交流，获得知识、信息、资源（Tsai，2001）。由此，网络位置常被视为企业所拥有的一种结构嵌入式社会资本。已有相关研究从多个视角对其进行了定位，如中心网络位置（Tsai，2001；Reinholt et al.，2011）、中心性的程度和类型（Smith-Doerr et al.，2004）、度数中心性和网络中介（Fang et al.，2015）、网络杰出者和网络中间商（Koka et al.，2008）等均是从网络位置的视角进行描述。总结起来，涉及网络位置的研究，主要从中心程度和中介程度两个方面来衡量（Fang et al.，2015），研究中通常包括度中心性、接近中心度、中间中心度以及结构洞等反映网络个体权利的网络指标。

已有研究从静态视角研究了网络位置的状态属性和影响效应。Tsai（2001）从组织学习视角研究了组织间网络中的知识转移，并以吸收能力作为调节变量，实证分析了网络位置对企业创新和绩效的影响。结果显示，企业在网络内的中心程度越高，越有助于企业增强创新与绩效，并且当企业的吸收能力越强时，中心性带来的企业创新和绩效提升的积极影响越明显。Koka 等（2008）对杰出公司和中间商两种联盟网络设计选择进行了分析。他们认为，前者强调通过多渠道访问网络中的其他杰出公司以获取利益，后者强调通过拥有非冗余和多样化信息以获取利益，并进一步分析了两种网络位置对企业绩效的影响，以及在不同的环境之下，上述影响的改变。Ranganathan 等（2014）实证分析了商业连接与知识连接对各自企业在标准制定中的投票行为的影响。结果显示，位于知识网络中心位置的企业对标准投的赞成票越多，位于商业网络中心位置的企业则越会对标准表示反对。Van Rijnsoever 等（2015）以荷兰创新系统为样本，实证研究了创新项目的网络位置和成员构成对新兴技术多样性产生的影响。结果显示，创新项目通过共享主体相互关联得越多，技术多样性产生的可能性越小，这为知识扩散和知识技术共享与技术多样性呈负相关这种观点提供了支持。另外，项目中的伙伴越多，多样性产生的可能性越小，而项目中行为主体的多样化程度越高，越容易带来技术多样性。Fang 等（2015）将个人性格和网络位置整合到一个框架中，研究了网络位置在个人性格影响工作绩效中的中介作用。结果显示，相比于中间人位置对工作绩效的影响，入度中心度对工作绩效的促进作用更大。Reinholt 等（2011）认为，员工的网络位置中心性对其知识共享和供给具有正向影响，但是这个过程还受到知识共享动机和能力的调节。也有研究超越大部分分析框架，将网络位置作为一个因变量进行分析。Gilsing 等（2016）认为，关于企业如何在第一时间占据中心网络位置的研究是一个空白，并由此实证分析了企业层面的异质性与联盟组合规模及联盟组合选择如何驱动企业间的差别，从而使企业占据网络中心位置。Sun 等（2020）以中国轨道交通产业为样本，实证分析了集成商优越的网络位置（即中心位置和中介位置）对它在标准制定中产生的影响。

第四节　本章小结

本章为本书的导论部分，主要研究内容如下：

第一节，对装备制造产业的发展现状与演进趋势进行梳理，指出装备制造产业逐渐向复杂装备演进，并且产业合作创新和技术标准化战略在复杂装备产业发展中具有越来越重要的战略意义。在此基础上，提出本书拟解决的四个主要研究问题、相关思路方法与研究意义。

第二节，对本书的理论基础进行概述。主要理论包括复杂产品系统理论、创新网络治理理论、技术标准经济分析理论、社会资本理论、知识基础理论。

第三节，对本研究的三个主要关键词展开综述。同时，基于聚类分析法对复杂产品系统相关研究展开分析，对复杂产品系统相关研究现状进行全面的、地毯式的呈现；采用科学的关键词共词分析法对技术标准化研究展开文献分析，以描绘技术标准化研究的主要演变路径和前沿；采用文献综述法对创新网络嵌入性展开评述，并进一步聚焦本书的核心关键词和研究变量网络位置，展开研究述评。

综上所述，本章主要涵盖本研究的背景、问题、意义、方法、思路、理论基础、文献综述等内容，属于本研究的基础部分。

第二章　复杂装备产业合作创新网络演化与制造企业网络位置

第一节　复杂装备产业合作创新网络生成与演进

一、产业合作创新网络的生成

1. 复杂装备产业协同创新主体构成

复杂装备是一种本土化表述，国际上多称复杂产品系统。复杂产品系统的概念源于英国学者 Hobday 等的研究，是指研发成本高、涉及的知识领域广，产品结构具有层级性特征，内部子系统（或模块）较多、模块间界面复杂，根据用户定制化需求研制的大型产品或系统（桂彬旺，2006；江鸿 等，2019）。常见的复杂产品系统有高速列车、"天眼"射电望远镜、超级计算机、大飞机、大型船舶、智能大厦、智能电网、海上钻井平台、核电站计算机控制系统、轨道交通控制系统等。

区别于传统的大规模制造产品，复杂产品系统的外延已超出通常的产品范围，其首要特征就是复杂性，它不是一个孤立产品而是一个复杂系统（李春田，2015）。复杂产品系统具有独特的生产特性、产品特性以及市场特性。从生产过程来看，小批量定制化、用户高度参与和及时反馈、研发制造合一、成本高、以项目制的方式开展研发制造、需要后期集成组装是其主要的特点。从产品特性来看，其具有技术复杂性、跨学科、技术多样性、层级产品结构、模块性、界面复杂性、零部件繁多、涉及多种客户专门定制的零部件、产品生命周期长、需向客户提供"产品+服务"解决方案等特性。从市场特性来看，其呈现出制造商、客户双头垄断结构，交易数量少，B2B 交易方式，价格谈判等特性。

基于上述特性，复杂装备产品的研制很难由某个企业单独完成，因此，产业合作创新网络成为支撑复杂装备研制的重要载体。具体而言，复杂装备产业合作创新主体主要由复杂装备制造企业、组件供应商、承包商、用户、监管单位等主体构成（Hobday et al., 2000）。"制造企业+供应商"的组织模式是产业合作创新主体的最基本、最核心的架构。制造企业也称主制造商或系统集成商，主要是指在复杂产品系统研发中，负责与客户沟通洽谈、产品总体设计、复杂产品系统项目组织管理、产品最终组装集成、产品交付与客户使用培训的企业主体。从价值创造来看，制造企业通过系统集成组装完成网络资源的实体整合，并以此为载体实现各子系统价值网络的虚拟整合，从而实现系统整体价值创造（李海舰 等，2007）。制造企业是复杂装备项目研发中最关键的行为主体，也是复杂装备研制项目的牵头人和主导者。如中国商飞公司作为实施国家大型飞机重大专项里大型客机项目的主体，主导研发出中国首架具有自主知识产权的 C919 大飞机，是该项目的主制造商或制造企业。

2. 以轨道交通产业为例的合作创新网络构建

（1）数据来源与收集

鉴于本书所关注的对象为复杂产品系统，并且为了与后续实证研究样本保持一致性，笔者在充分考虑"合作""标准化""复杂产品系统"这三个关键词的基础上，做了一系列的准备工作。

2017 年 1 月，笔者跟随所在研究团队前往株机公司，参与关于轨道列车行业平台化与标准化的调研访谈。访谈对象为四位中层管理人员。其中，受访者周某提道："株机公司从 2013 年开始推进'简统化'工作，这是一种基础性的工作，由底向上的一种平台构建，相关部门已经开始按照'简统化'布局开展工作了……""在与供应商合作的过程中，公司'简统化'的实施根据产品类别有所区分。第一类产品，是技术性较强、模块化嵌合的产品。比如，株机公司提出某接口的形式，并采用技术规范和技术协议等对供应商进行输出，然后各家供应商响应，为株机公司提供符合接口形式的产品部件。至于内部具体技术，属于该供应商的'黑匣子'。第二类产品属于通用化程度较高的产品，如电缆、软管等，不存在接口问题。株机公司提出采购技术标准，约束各项参数，将各供应商聚集到一起进行讨论、制订方案。供应商做出承诺可以响应，然后根据其技术所长，提供符合要求的产品……"受访者黄某指出："中车城轨产品平台化，所有平台子系统需要规范产品接口与参数。以后就像搭积木一样，集成选择……"受访者蒋某指出："株机公司属于主机厂，主要负责系统集成，与供应商之间是相互依存和相互博弈的关系……"从上述访谈中可以看出，株机公司作为集成商，在技术标准制定方面拥有话语权，并且其在轨道交通产业产品开发中，与其他企业的合作也非常普遍。这也证明本研究具有很强的实践意义。

2017年10月，笔者参加中国第二届标准化与治理国际学术研讨会，与标准化领域相关专家进行交流。来自株机研究所的一名专家指出，轨道交通行业非常重视标准化工作，尤其是集成商专利合作行为频繁，牵头制定了多项标准，促进了整个行业的发展。这反映出以轨道交通行业作为研究样本，具有实践可行性。

资料显示，我国目前形成了自主研发、配套完整、设备先进、规模经营的集研发、设计、制造、试验与服务于一体的轨道交通装备制造体系，包含铁道客车、铁道货车、内燃机车、电力机车、动车组、城轨车辆、机车车辆关键部件、牵引供电设备、信号设备、轨道工程机械十个专业制造系统，并形成了完备的上中下游产业链（如图2.1所示）。轨道交通行业属于高技术和复杂产品系统制造产业，涵盖上游基建设备、中游轨道列车等复杂产品系统，如挖掘机、泵车、盾构机等工程机械，高铁、轻轨等列车产品。该产业具有合作紧密、知识密集、高复杂性等特征，在研发设计中广泛采用模块化、标准化的模式组织生产，其创新发展受到业界广泛关注，并形成了一系列研究成果，专利、标准等数据公开，保证了研究数据的可得性（江鸿 等，2019）。

基于以上原因，笔者以中国轨道交通产业为例，构建产业合作创新网络。数据来自国家知识产权局与湖南省专利信息公共服务平台等多个权威专利数据库。

```
┌──────┐   ┌─────────────────────────────────────────────────────┐
│ 上游 │→  │ 原材料：钢板、铝材、橡胶等                           │
│      │   │ 基建施工：基础建筑、土木工程                         │
└──────┘   │ 工程机械：混凝土机械、铺轨机、起重机、架桥机、高速   │
           │ 道岔等                                               │
           └─────────────────────────────────────────────────────┘
                                    ↓
┌──────┐   ┌─────────────────────────────────────────────────────┐
│      │   │ 轨道基建配套设备：高速道岔、轨道板、扣件、岔枕、     │
│      │   │ 轨枕等                                               │
│      │   │ 轨道交通零配件：车轮、车轴、车体、转向架、车钩、     │
│ 中游 │→  │ 弹簧、牵引电机、制动机、空气压缩机、变速箱、控制     │
│      │   │ 系统、车厢等                                         │
│      │   │ 轨道交通智能化、信息化设备/系统：电力电气系统、通     │
│      │   │ 信信号系统、立车控制系统                             │
│      │   │ 轨道交通车辆：电力机车、城轨车辆、铁路用车           │
└──────┘   └─────────────────────────────────────────────────────┘
                                    ↓
┌──────┐   ┌─────────────────────────────────────────────────────┐
│ 下游 │→  │ 交通运营：车辆调度系统、指挥系统、导航系统等         │
│      │   │ 安全检测、维护：检测与诊断设备、安全监控诊断系统     │
└──────┘   └─────────────────────────────────────────────────────┘
```

图 2.1　轨道交通产业构成

（2）产业合作创新网络构建

①合作创新主体及合作关系

基于拓扑学，网络最基本的构成要素是点和边，点即网络中的行为主体，边即主体间的关系。因而，在产业合作创新网络构建之前，我们需要明确该创新网络中的主体及主体间关系。

产业合作创新网络中的创新主体种类较多，不仅包括企业，还包括大学和科研院所、政府部门和行业协会、金融机构、中介服务机构、发明家以及个人用户等（马晓飞 等，2015）。

第一，企业是合作创新网络中最核心的创新活动实践者，在轨道交通产业合作创新网络中，主要包括系统集成商、组件供应商、零部件供应商等企业主体。企业往往主导着合作创新活动的开展，承担着组织合作研发、主导合作机制建立、技术成果转化等职责，并且也是进行创新研发投入、获得创新收益的主体（冯科，2014）。

第二，大学和科研院所是产业合作创新网络中的重要节点，是支撑创新的外部要素，是企业创新活动的重要合作伙伴和知识源（曹路宝等，2011），也是技术创新的重要来源之一（宋河发 等，2009）。它们为企业创新提供基础性与应用性知识，输出技术和人才（徐艳梅 等，2010），通过与企业进行技术合作或技术转让等，对企业技术扩散和创新外溢（余泳泽 等，2015）。比如，2006 年西南交通大学与株机公司就轨道车辆的核心部件转向架，共同申请了三项专利。

第三，政府部门和行业协会也是产业合作创新网络的组成部分之一。政府通过制度对创新活动进行约束，同时也为创新活动提供政策和资金支持。尤其对于复杂产品系统创新而言，政府部门的作用更为明显。比如，中国国家铁路集团有限公司（即原中国铁路总公司，以下简称"铁总"），在轨道装备制造中就占据着重要地位。笔者在 2017 年 1 月前往株机公司调研访谈，得知"铁总立项，株机公司进行研发，研究结果好，铁总会进行批量采购"。行业协会同样重要，是企业了解行业动态、结识行业同仁的重要平台，也是连接政府与企业的非正式沟通渠道（冯科，2014）。如中国城市轨道交通行业协会，涵盖了中国城市轨道交通行业中的发展规划、设计咨询、投资融资、工程建设、运营管理、装备制造、科研院校等各种类型的企事业单位，协会宗旨是在政府与协会会员之间搭建交流平台，起到桥梁和纽带作用，展开对城市轨道交通各领域的调查研究，为政府政策制定、企业战略制定献计建言。行业协会可以通过牵头组织技术项目，以及为企业提供技术和培训等方面的服务，间接推动创新活动的开展。例如，全国牵引电气设备与系统标准化技术委员会，主要负责全国牵引电气设备与系统领域国家标准制定修订工作，对口国际电工委员会轨道交通牵引电气设备与系统技术委员会（IEC/TC9），制定、修订标准覆盖了干线铁路和城市轨道交通（如地铁、有轨电车、无轨电车、全自动运输系统和磁悬浮）领域，包括机车车辆、地面设备、运行控制系统（如通信、信号和处理系统）、接口和环境条件等方面的国家标准。

第四，除了以上创新主体外，金融机构、中介机构、发明家、个人用户等也是产业创新网络不可忽视的构成主体。金融机构为研发项目提供资金支持，发明家贡献发明创造，个人用户对创新项目提出建议等，都是合作创新的组成部分。

产业合作创新网络的构建主要以企业间的创新合作为主，科研院所、政府部门、行业协会、金融机构等创新主体与企业间的创新活动，进一步丰富和拓展了合作创新网络。组织间的合作关系种类繁多，如技术合作关系（Stuart，1998）、知识合作关系（Ranganathan et al.，2014）、商业合作关系（Ranganathan et al.，2014；曾德明 等，2016）、政治合作关系（刘宇璟 等，2019；尤成德 等，2016）、制度合作关系（曾德明 等，2016）等。由于本书主要从技术视角展开分析，并且考虑到组织间（尤其是企业间）合作创新更多地倾向于技术合作，因此，笔者参考类似研究（冯科，2014；高霞 等，2015），采用联合申请专利的方式来刻画组织间的技术合作。比如，组织 A、B、C 都是某项专利的申请人，则 A 与 B、A 与 C、B 与 C 之间均存在技术合作关系，此时 A、B、C 都是合作创新网络中的节点，三个点两两之间存在直接连接。

②网络构建

综合中国城市轨道交通协会的成员名录、中国中车集团的下属企业名单及相关合作关系，并结合调研访谈，笔者最终得到一份包含 245 家企业及科研机构等的中国轨道交通产业的组织名单。逐一搜集它们合作创新的数据，最终得到 2000—2016 年间的 9 310 条联合申请专利数据，并在此基础上构建产业合作创新网络。先将这些共同申请专利的数据以专利申请单位为节点，若两个申请单位存在共同申请某一专利的情况，则将两个单位所指向的节点连接形成边，进一步将网络节点和边的相关数据转化为不同年份的合作关系邻接矩阵，然后导入 Ucinet，转化为.net 网络格式，最后采用 Pajek 软件画出对应年份的网络图。考虑到企业合作研发创新是一个长期的动态过程，参考 Yayavaram 等（2015）以及曾德明等（2016）的研究，以 3 年为一个时间窗口，建立产业合作创新网络。图 2.2 展示了 2000—2002 年、2007—2009 年、2014—2016 年 3 个时间窗口的合作创新网络关系图。

| 2000—2002年 | 2007—2009年 | 2014—2016年 |

图2.2　轨道交通产业合作创新网络图示例

二、产业合作创新网络的演化

旧的合作关系的结束，以及新的合作关系的建立，使产业合作创新网络处于动态演进中。为了清楚地展现产业合作创新网络的演化，笔者从网络规模、网络中心势、网络密度、集聚系数、平均路径长度等网络结构指标出发，对不同时期的产业合作创新网络结构的变化进行分析，如表2.1所示。

一是网络合作关系的解散与新生及网络主体位置差异的形成。首先，合作创新网络规模不断扩大，表明一些网络主体退出，合作关系终结，而产业内新的合作关系又不断产生，参与合作创新的网络主体数量总体上增加。企业不再只专注于独立的研发，合作创新逐渐在复杂产品系统产业发展中扮演不可或缺的角色。其次，网络密度呈现波动趋势，但总体呈现下降趋势。这反映出随着产业的不断发展，参与合作的新的组织数量增加，新的合作关系不断涌现，基于少量网络主体的合作关系紧密程度逐渐被新建立的关系所稀释。最后，网络中心势逐渐增大，并略微下降，但最终趋于平稳。网络合作关系分布集中程度的这种变化，也反映出网络中节点间地位差异不断拉大（文金艳，2019）。一些网络主体退出，而另外一些网络主体则拓宽合作范围，吸引更多的合作伙伴，展开合作。

二是小世界特性及网络主体间知识流动加剧。小世界网络是指具有较小的平均路径长度且具有较大的集聚系数的网络（杜海峰 等，2007）。小世界特性分析是创新网络研究的一个重要组成部分，并且这个特性在现实中大量存在（孙耀吾 等，2011）。笔者采用同等规模随机网络集聚系数、平均路径长度等指标，对本研究中不同时期产业合作创新网络的

小世界特性进行探讨；并参考高霞等（2015）的研究，运用小世界商数 Q 来分析，即

$$Q = \frac{CC\ RATIO}{PL\ RATIO}$$

其中，$CC\ RATIO = \dfrac{CC}{CC\ RAND}$，$PL\ RATIO = \dfrac{PL}{PL\ RAND}$。

实际网络集聚系数（CC）与同等规模随机网络集聚系数（CC RAND）比值超过 1 越多，实际网络平均路径长度（PL）与同等规模随机网络平均路径长度（PL RAND）比值越接近 1，小世界网络特性越明显。由表 2.1 可知，不同时期各产业合作创新网络的 CC RATIO≫1，PL RATIO 接近 1，且小世界商数 Q 值均较大，说明这些产业合作创新网络均具有显著的小世界特性。小世界特性会影响知识在网络主体间扩散、流动的效率和程度，平均路径长度越短，集聚系数越大，越有利于提高网络主体间知识交流的频率，加快知识的扩散（孙耀吾 等，2011），增加合作创新的产出。基于资源的互补性，创新主体"抱团"形成网络聚簇，而掌握关键性资源的企业在各聚簇间扮演信息桥梁角色（周文 等，2011）。小世界是许多复杂网络运动中最有效的信息传递方式之一（杜海峰 等，2007）。一方面，较高的集聚系数有利于促进节点间的相互信任，促成更紧密的合作，提高信息交流的准确度和效率；另一方面，较短的平均路径长度，有助于节点从远距离的节点处获得非冗余的信息，激发创新的灵感（高霞 等，2015）。

对于复杂技术而言，知识的流动加剧，组织合力克服关键技术的可能性增大，能够加快推动产业技术进步。在本书中，不同时期的产业合作创新网络均具有明显的小世界特性，这也反映出轨道交通产业合作创新关系网络的建立，带动了该产业内企业、科研机构、行业协会等主体间知识的交流，有利于创新成果的产出。

创新网络位置对技术标准化主导能力影响实证研究

——基于中国复杂装备制造业

表 2.1　产业合作创新网络结构的演化

窗口期	网络规模	网络密度	网络中心势	集聚系数	同等规模随机网络集聚系数	集聚系数比值	平均路径长度	同等规模随机网络平均路径长度	平均路径长度比值	商数 Q
2000—2002 年	29	0.044 3	0.029 1	0.857	0.000	∞	1.053	2.118	0.497 167 139	∞
2001—2003 年	32	0.042 3	0.126 9	0.729	0.000	∞	1.323	1.613	0.820 210 787	∞
2002—2004 年	46	0.033 8	0.080 8	0.600	0.000	∞	1.824	3.259	0.559 680 884	∞
2003—2005 年	76	0.057 9	0.145 9	0.823	0.000	∞	1.596	4.078	0.391 368 318	∞
2004—2006 年	89	0.488	0.136 1	0.791	0.000	∞	2.125	6.469	0.328 489 72	∞
2005—2007 年	134	0.025 4	0.096 4	0.631	0.000	∞	2.529	4.285	0.590 198 366	∞
2006—2008 年	259	0.010 6	0.051 9	0.679	0.000	∞	2.565	8.107	0.316 393 24	∞
2007—2009 年	354	0.005 9	0.068 2	0.661	0.000	∞	4.409	6.101	0.722 668 415	∞
2008—2010 年	469	0.005	0.065 8	0.640	0.000	∞	5.086	11.453	0.444 075 788	∞
2009—2011 年	606	0.004 1	0.083 8	0.657	0.000	∞	4.68	9.744	0.480 295 567	∞
2010—2012 年	716	0.003 6	0.065 1	0.664	0.000	∞	4.873	4.262	1.143 359 925	∞
2011—2013 年	807	0.003 3	0.075 1	0.693	0.000	∞	4.888	4.675	1.045 561 497	∞
2012—2014 年	861	0.003 0	0.085 5	0.667	0.000	∞	4.884	14.378	0.339 685 631	∞
2013—2015 年	1 022	0.002 8	0.086 5	0.690	0.000	∞	4.657	11.755	0.396 171 842	∞
2014—2016 年	1 066	0.002 6	0.084 9	0.677	0.000	∞	4.647	6.553	0.709 140 852	∞

三、平台模式的兴起

平台化是产业合作创新网络演化的一种重要趋势。接下来，本书拟从结构洞视角，系统揭示产业合作创新网络平台化机理、阐释两类平台企业的产生路径，以此分析平台模式兴起的背景、过程及结果。

1. 创新网络平台化发展的背景

在制造业服务化、全球价值网络重组的驱动下，一种开放的、模块嵌入式的网络状集成创新模式出现，使得以上下游为基本架构的产业链不断交叉融合，转变为以模块化方式参与合作创新的产业网络。产业合作创新网络集合产业内各个模块的创新成果，为顾客提供系统解决方案（孙耀吾 等，2013）。平台化成为重要发展趋势，平台经济、平台产业由此快速发展。

平台化现象在复杂装备产业中广泛涌现，已经成为高技术服务业发展演化趋势的共性。比如，2014 年 4 月 2 日，中国移动互联网行业明星企业小米公司发布"不刷机的小米系统"（侯继勇，2014）。这不仅是小米公司产品多元化的一个战略举措，更是其对微软公司凭借Windows操作系统拥有互联网平台领导者地位和优势的深刻理解和反应。在高技术服务领域，越来越多的企业利用创新网络的演变向平台企业发展。那么创新网络是如何平台化发展的？平台企业又是怎样产生的？本书从一般性的高技术服务合作创新出发，讨论其内在机理，揭示其相关规律。

2. 创新网络平台化发展的理论研究现状

（1）高技术服务创新网络研究现状

学者们从多角度对高技术服务创新网络进行了较为广泛的研究。孙耀吾等（2013）对高技术服务创新网络开放集成模式进行了梳理，凝练出竞合与价值创造机理、开放集成模式结构、机理及演进优化等一系列科学问题。Van riel 等（2004）从决策制定者视角对高技术服务创新过程内部创新成功因素进行了分析。赵公民等（2013）基于社会网络理论，认为高技术服务企业通过组建网络、扩散技术，以达到高技术服务创新的目的。申静等（2014）运用综合指数评价法、层次分析法，从创新投入、创新产出、创新环境三个维度，构建了中国高技术服务业服务创新能力评价指标体系。

（2）平台研究现状

平台是高技术服务创新网络演化的重要载体，是一种新型的网络组织形式，已成为高技术服务创新网络研究的一个热点前沿。产业融合与转型升级带动现代服务业爆发式增长。华中生（2013）认为，网络环境下的平台服务成为现代服务业主流模式，平台服务具有网络外部性、资源整合性、功能整合性、协同性、衍生性等特征，而网络环境下的平台服务模式具有低成本接入、有效整合分散、专业化服务资源及价值共创等多个特性。张利飞等（2013）指出，智能手机操作系统平台已成为移动通信产业竞争的关键点，同时推动"单个企业之争"向"操作系统平台联盟之争"演变。Gawer等（2007）从结构和系统角度，认为平台是一个不断演化的系统，系统内部相互依赖的各组件或者模块按照一定的界面标准组合在一起，共同为终端用户提供产品和服务。平台企业是平台结构中最重要的行为主体，也是平台的提供者和领导者，掌握平台生态系统核心要素。平台企业与互补者在共同界面标准下，互相依赖、协同创新，为消费者提供整体解决方案，共同创造价值。孙耀吾等（2013）运用齿轮模型，指出在移动互联网平台，操作系统商作为平台提供者，与下游开发商、移动终端提供商、运营商、网络设备提供商等互补性模块进行耦合共轭，同时与用户互动产生一个完整的创新网络平台生态系统。Rochet等（2003）认为，平台企业在平台连接的多边市场中扮演中介角色以吸引交易双方，并制定合理的定价策略。平台企业是平台的领导者，掌握平台生态系统核心要素。Cusumano等（2002）认为，平台企业应从范围、产品技术、与外部互补者的关系以及内部组织四个维度引领平台发展。Lee等（2010）基于蛛网模型，指出平台企业巩固其领导地位的五个关键因素分别为创新能力、相关性、互补性、效率、网络效应。Pon等（2014）对后PC时代的企业战略和平台控制进行了研究，认为互联网通信技术平台企业发挥其主导作用的关键在于，利用不同的核心能力来建立互补性服务，以控制平台和锁定用户。

（3）平台化研究现状

平台化是高技术服务创新网络演变发展的重要趋势。卢强（2007）以操作系统平台和移动增值业务平台为例，认为产业价值链经过模块化形成价值网，且中心模块演变为网络中的基础设施提供平台。Cusumano 等（2002）认为，网络平台化发展与平台产生都需要至少满足两个条件：其一，至少可提供一种功能；其二，易于吸引新用户加入。段文奇等（2009）总结了网络平台产生机制的三种形式，即涌现型、单边市场演化、多平台扩展。Eisenmann 等（2011）认为，平台最终是否涌现，取决于产业技术系统、活动系统和价值系统三个层面的价值特征。Gawer（2014）基于经济学角度与工程设计角度，认为技术平台是处于演化中的网络组织，其中包含三个重要方面：联合与协调平台组成要素、创造价值、承担一个模块化的技术架构。虽然，有关平台化动因以及平台形成路径等的研究都有了一定的成果，但从网络系统结构角度出发，着眼于网络节点自身的特性，深入揭示高技术服务创新网络平台化机理，以及平台企业的产生路径的研究，还未深入。

3. 研究方法与研究设计

社会网络分析法着重从"关系"角度出发，研究社会现象和社会结构，由于社会结构既可以是行为结构、政治结构，又可以是社会结构、经济结构，因此社会网络分析法在多学科中得到了大量应用（刘军，2009）。社会网络与创新网络的融合，使得社会网络分析法被广泛应用于创新网络的相关研究中（张宝建 等，2011）。基于网络关系的强弱关系、基于网络功利性的社会资源与社会资本，以及基于网络结构的平均最短路径、集聚系数与结构洞等，都是学者们广泛采用的研究视角。其中，结构洞理论着眼于对网络中非冗余信息的探索，是指"社会网络中无直接或关系间断的现象，从网络整体来看好像网络结构中出现了洞穴"，即没有直接联系的两个个体由第三方联系起来。因此第三方所在的网络位置为一个结构洞，而第三方称为结构洞占据者（Burt，1992）。

高技术服务创新网络平台化是网络中处于不同网络位置的多节点、多要素综合演进的结果。从社会网络分析中的结构洞视角来研究网络平台化演进，以及在此过程中平台企业的产生，并充分考虑网络结构中不同网络节点的地位、优劣势及节点间的相互关系，有利于从深层次对网络平台化机理做出全面、合理、准确地阐释。本书基于结构洞视角分析高技术服务创新网络平台化机理，剖析平台形成与平台企业产生的一般模式。

4. 结构洞视角下高技术服务创新网络平台化机理

（1）高技术服务创新网络结构属性与结构洞

①高技术服务创新网络属性

高技术服务创新网络具有开放性。由于技术的复杂性，高技术服务企业基于开放创新原则进行创新活动。高技术服务创新网络边界模糊，不断有企业加入与流出。网络内部企业相互进行知识扩散、资源流动，基于开放式创新共同创造价值。

网络主体间具有功能互补性。来自不同行业的企业共同组建创新网络，不同网络主体可能从事不同的业务，甚至完全没有技术交流。网络主体相互提供互补产品/服务，基于正式契约或者非正式商业关系，相互交流协作，从而在网络内部形成不同的网络功能群体。属于同一个功能群体的企业，其知识、技术、资源同质性较高，一般生产相近产品或提供同类服务，企业之间保持竞争与合作关系。而属于不同功能群体的企业异质性较高，多属于不同业务领域，从事不同产品/服务的供给工作。各功能群体间具有互补性，所提供的产品/服务在功能上相互依赖。

网络具有集成性。不同的网络群体基于共同的开放创新原则，提供互补服务，联合创造价值，共同构成高技术服务创新生态系统，以集成的方式为用户提供整套解决方案。

②高技术服务创新网络结构的无标度性

高技术服务创新网络含有丰富的节点，包含多个网络层次，网络内知识、资源与能力呈不均匀分布。网络内节点占据不同网络位置，网络整体呈现独特的结构特征。现实中，软件产业虚拟集群、TD 产业联盟等高技术服务创新网络都具有明显的无标度性（孙耀吾 等，2011；王京 等，2014）。高技术服务创新网络主体在合作伙伴选择上的主动性与能动性，以及主体间合作的高交互性，极大地影响网络结构特征。伙伴的选择并不是随意的，一是在纵向的供应链条上进行选择，二是在横向网络中进行增值业务的合作对象甄选。无论哪一种选择都基于主动性与能动性，都是选择具有稀缺优质资源的企业进行交互合作，因而，具备这种优势的企业在网络中逐步占据核心地位。优先连接使得网络中少数核心企业成为众多企业的连接合作对象，而那些没有关键资源、缺乏核心技术的企业则只有少量的合作对象。高技术服务创新网络节点度分布呈现非均匀性，大多数节点的度相对较低，而少量的节点拥有相对较高水平的度。网络的度分布满足幂律分布：$P(k) \sim k^{-\gamma}$。其中，$P(k)$ 表示随机选定节点的度为 k 的概率，γ 为常数（孙耀吾 等，2011）。由此，高技术服务创新网络整体结构表现出无标度性。

③高技术服务创新网络中的结构洞

高技术服务创新网络呈现无标度性，网络中大量节点与其他节点的直接连接很少，而有少量的节点与大量节点直接相连。这两类节点，一类称为 A 类节点，即网络中数量众多的度较小的节点；另一类称为 B 类节点，即网络中数量较少的度较大的节点（如图 2.3 所示）。从社会网络视角来看，高技术服务创新网络中的各个企业就是网络中的节点，而企业间的正式或非正式合作关系就是网络中的边（正式合作关系用实线表示，非正式合作关系用虚线表示）。所有的节点及与其相连的边，共同构成高技术服务创新网络。A、B 两类节点，也即 A 类节点企业与 B 类节点企业。在高技术服务创新网络中，两类主体功能互补、相互协同，任何一类节点企业都不能独立存在于网络中。A 类节点企业彼此间直接连接很少，在整个网络中出现了结构洞；B 类节点企业在众多彼此缺乏联系的 A 类节点企业间充当了中介者角色，提供网络非冗余信息，成为结构洞占据者。并且在 B 类节点企业中，也存在不同类型的结构洞占据者，一种是占据大量结构洞的超级结构洞占据者，另一种是相对而言只有少数结构洞的一般结构洞占据者。

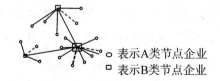

○ 表示A类节点企业
□ 表示B类节点企业

图 2.3　高技术服务创新网络呈现无标度

（2）高技术服务创新网络结构洞演进与网络平台的形成

①结构洞演进与模块平台形成

a. 超级结构洞演进与核心模块平台形成

创新网络的无标度特征明显，A 类节点企业间的平均最短路径变短，节点企业间距离更短，在其周围结构洞占据者（即 B 类节点企业）的桥接下，它们彼此联系起来，产生一个以结构洞占据者为核心的模块 $A_i(i=1,2,\cdots,s)$（如图 2.4 所示）。超级结构洞占据者与其周围同属于一个功能群体的 A 类节点企业相互合作，模块化发展，形成模块 A_1。由于超级结构洞占据者不仅连接了本群体内的节点企业，还与其他功能群体内的企业存在连接，在多个功能群体之间占据结构洞位置，提供非冗余信息，控制群体间资源、信息流动。因此，模块 A_1 凭借在整体解决方案中技术架构提供者角色与自身网络位置优势，成为网络中的核心模块。

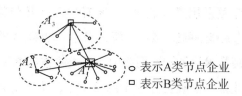

○ 表示A类节点企业
□ 表示B类节点企业

图 2.4　模块化演进

b. 一般结构洞演进与互补模块平台形成

与超级结构洞演进类似，一般结构洞占据者也会与同功能群体中的 A 类节点企业经历模块化过程，形成互补模块 $A_i(i=2,\cdots,s)$（如图 2.4 所示）。实际上，属于同一个功能群体的节点企业为了共享基础性的技术，或将外部资源内部化，或倾向于与本群体内的节点企业建立合作关系。它们在一般结构洞占据者的中介下连接，对本业务领域中的不同资源与有益能力要素进行整合，超越各自原有的组织边界，将原始业务流程进行重组，致力于本领域内的核心业务，从而减少资源间转化的中间环节，拓宽信息传递渠道，缩短知识传递链条；资源能力互补，从客户价值出发，互利共生，共享与融合群体内部价值元素，共同构建本领域优势，共创价值。总的来说，属于相同功能群体的 A 类节点企业在本群体中的一般结构洞占据者的桥接下共同模块化演进。

一般结构洞占据者是本模块中规模较大，有强大技术能力、知识创造能力和溢出能力的核心企业。作为结构洞的占据者，占据本模块内 A 类节点企业间交流的通道，对双方关系具有绝对的控制力，使其在本模块中占据核心位置，从而整合模块资源与各能力要素，成为模块集成者，引领模块发展，在模块中成为模块平台企业。

c. 模块嵌合与系统平台形成

各模块内节点企业与其他模块内节点企业的原有合作联系，转变为模块间的连接，通过连接，各模块相互聚合。在模块聚合中，各模块通过核心模块连接，模块间产生多边市场，一个模块提供的产品或服务的变化通过核心模块引起其余模块变化，产生网络效应。核心模块与互补模块之间的契约、隐含协议等演变为系统中的界面标准。模块集合以核心模块为系统主导者，在原有连接基础上聚集，在界面标准之下互相嵌合、耦合共轭、功能优势互补，使整个网络平台化演进，共同产生高技术服务创新网络系统平台（如图 2.5 所示）。

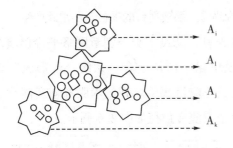

图 2.5　模块嵌合

核心模块中的主导企业 E 在本模块与整个网络中都占据最丰富的结构洞，是系统中的超级结构洞占据者，在系统中占据主导地位。超级结构洞占据者 E 与大量企业间的相互联系，演变为与各个模块之间的相互关系，且掌握模块间交流的唯一通道。E 的结构洞占据者地位的获得也与其技术结构、性质密切相关。其自身技术以及与其余模块的互补性，使得 E 不仅在核心模块中，乃至在整个网络中均处于中介位置，具有极高的可见度。这为 E 带来更多的信息，使其更易把握市场机会，增强技术实力，获得技

术的架构控制能力，决定系统平台的技术结构、运作，以及各模块提供的产品或服务的兼容性，在信息、资源的流动传播中促进网络惯例与平台界面标准的产生。总体而言，丰富的结构洞使得核心模块主导企业E在系统平台中兼具系统整合、集成以及平台领导多重角色。

第一，设计合理的平台架构，将各互补模块 $A_i(i = 1, 2, \cdots, s)$ 吸收到系统平台之中，整合互补模块所提供的资源，使 $A_i(i = 1, 2, \cdots, s)$ 成为围绕核心模块的多边群体。

第二，制定统一的界面标准，对模块间接口的开放程度和信息阻绝程度进行规范；占据结构洞的网络位置，使其对互补模块进行选择性的信息传输；并建立信任与知识共享机制来减少交易成本，增强模块间互操作性，为客户提供整体解决方案。

第三，定义和开发核心创新平台，引导互补者加强创新投入，以扩展业务范围和边界，引领系统平台整体创新发展。

核心模块主导企业E作为超级结构洞占据者整合各个模块、集成系统资源，为客户提供整体解决方案，引领平台创新，这是平台企业主导能力的体现，也决定了其作为平台企业的地位。系统平台的平台企业由此产生。

总体而言，从结构洞视角来看，高技术服务创新网络平台化演进经历了"两类节点企业出现→模块化→模块嵌合→系统平台形成"的过程，模块平台企业与系统平台企业应运而生。高技术服务创新网络平台化机理及结构洞占据者向平台企业演变路径如图2.6所示。

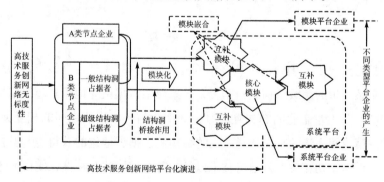

图2.6 结构洞视角下高技术服务创新网络平台化演进模型

5. 仿真与实例分析

（1）模拟仿真

本书使用 Netlogo5.0.5 中的优先连接模型生成无标度状态的高技术服务业创新网络（如图 2.7 所示）。为了进一步对此网络结构进行分析，定位各节点间的连接关系，使用 Ucinet6.487 重新画图（如图 2.8 所示），明确两类节点。由图 2.8 可知，节点 7、节点 3、节点 6 等属于网络中为数不多的 B 类节点，而其余大部分节点属于度较小的 A 类节点。进一步使用有效规模与限制度两个指标对两类节点进行结构洞分析，结果如表 2.2 所示。

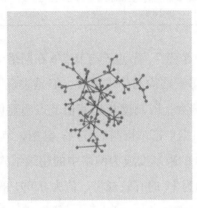

图 2.7　高技术服务创新网络无标度状

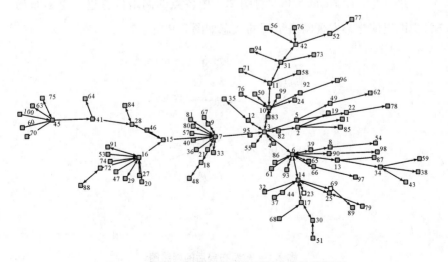

图 2.8　高技术服务创新网络不同节点连接状况

表 2.2   网络结构洞分析结果

节点编号	有效规模	限制度	节点编号	有效规模	限制度
7	12	0.083	2, 11, 15, 31, 34, 42	4	0.25
3, 6	11	0.091	5, 13, 17, 28	3	0.333
16	9	0.114	41	3	0.36
14	8	0.125	8, 12, 18, 22, 25, 30, 49, 52, 66, 69, 72, 83, 90, 92	2	0.5
10	6	0.167	其余节点	1	1
45	6	0.185			

　　由表 2.2 可知，节点 7、节点 3 与节点 6 在网络中拥有相对多的结构洞（还有多个节点属于结构洞的占据者，但是表现不明显），有效规模较其他节点均明显偏大，限制度相比其他节点明显偏小，即节点 7、节点 3 以及节点 6 是占据丰富结构洞的节点。其中，节点 7 以值为 12 的有效规模、值为 0.083 的限制度成为网络中的超级结构洞占据者。而节点 3 与节点 6 均凭借值为 11 的有效规模、值为 0.091 的限制度，成为一般结构洞占据者。

　　进一步，用 Netlog5.0.5 对图 2.7 中各点的网络位置进行重新布局，模拟网络演化，发现网络呈现的状态如图 2.9 所示。

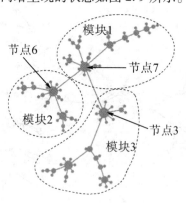

图 2.9   重新布局后的网络图

由图 2.9 可知，节点 7、节点 3 与节点 6 由于占据丰富的结构洞，且本身具有相对较大的有效规模，掌控了信息和资源流通的咽喉，因而在网络中具有极高的地位，易于吸引周围的其他节点与之合作。超级结构洞占据者节点 7 与周围的 A 类节点（如节点 9、节点 67 等）相互合作，这些 A 类节点在节点 7 的引领下围绕在一起，凭借节点 7 在整个网络中的核心位置，形成核心模块 1，相应的节点 7 成为核心模块中的平台企业。节点 3 与节点 6 作为一般结构洞占据者，与各自周围的 A 类节点（如节点 86、节点 55 等）经历一个类似"抱团"的过程，即模块化发展，由此网络互补模块 2、模块 3 形成。节点 6 在模块 2 中占据最多的结构洞，处于领导地位，进而成为模块平台企业。节点 3 相应地成为模块 3 中的平台企业。

在结构洞占据者桥接下形成的各模块在节点原有连接下相互聚合，产生以模块 1 为核心，以模块 2、模块 3 为互补模块的系统平台。而超级结构洞占据者节点 7 在本模块及整个网络中都占据了最多的结构洞，具备了信息获得和信息控制的优势，在本模块与整个系统平台中个体规模最大，处于主导地位，向系统平台企业的方向发展。这就模拟了系统平台企业的产生过程。

（2）谷歌公司及其主导的移动服务创新网络平台化案例分析

移动互联网产业是典型的高技术服务创新网络。谷歌的安卓与苹果的 ios 是目前移动互联网产业以操作系统为战略基点的两大最具市场潜力的竞争主体，其中安卓产生了绝对领先的优势（小米 MIUI、魅族 Flyme、华为 EMUI 等均属于对安卓操作系统的深度定制）（工业和信息化部电信研究院，2014）。安卓操作系统搭载在移动终端设备上，由网络运营商提供网络服务（网络设备提供商为其提供技术支持），通过应用提供商提供多种移动 APP 与用户进行交互，为用户提供一整套的解决方案（Pon et al.，2014）。微信作为移动互联网中的一个应用，集成多种功能性产品，将多个相关企业联系在一起，在此企业网络中成为占据结构洞最丰富的节点企业，引领此网络平台化发展。进而超级 APP 微信成为隶属于应用提供商这个互补模块中的子平台，而腾讯成为此平台的平台企业。而在应用提供商这个群体中，谷歌推出的 Google play、小米科技的应用商店、奇虎 360 的手机助手等都属于以 APP 集合的形式提供应用服务，这些企业通过原始业务积累的庞大客户基础，吸引了众多应用提供商连接到此应用商店。进而，在优先连接的作用下，越来越多的应用提供商在该商店发布应用，然后此应用商店成为应用提供商模块中信息传递的桥梁，在这个模块中占据丰富的结构洞，进而成为该模块中的平台企业。从系统的角度来讲，安卓操作系统将移动终端提供商、应用提供商、网络运营商、网络设备提供商、顾客等几大模块整合到一个移动互联网平台。在这个平台生态系统中，谷歌公司凭借安卓操作系统成为占据结构洞最丰富的网络节点，在操作系统这个核心模块中处于主导地位，成为系统平台企业。

总的来讲，谷歌公司及其主导的移动服务创新网络向系统平台演化，在此系统平台中各个互补模块又相应向一级模块平台演进，而一级模块平台之中又涵盖二级模块平台。谷歌公司（凭借安卓操作系统）、小米公司等（凭借应用商店）、腾讯公司等（凭借超级 APP 微信）成为相应的系统平台企业、一级模块平台企业与二级模块平台企业。系统平台企业与各级模块平台企业在不同层次网络平台中整合相应的互补模块，以集成的方式为客户提供解决方案。谷歌公司及其主导的移动服务创新网络的平台层级分布如图 2.10 所示。

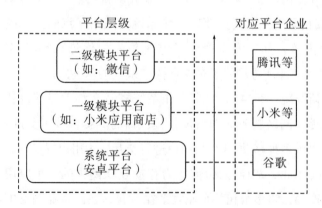

图 2.10 谷歌公司及其主导的移动服务创新网络平台层级分布

6. 结论与启示

本小节从结构洞视角，探究了高技术服务创新网络平台化机理，使用 Netlogo 与 Ucinet 软件模拟仿真，并结合移动互联网产业巨头谷歌公司及其主导的移动服务创新网络进行实证检验，得出以下结论。

其一，从网络结构中的结构洞视角解释了高技术服务创新网络平台化机理。创新网络沿着"两类节点企业出现→模块化→模块嵌合→系统平台形成"路径平台化演进。

其二，模块平台企业与系统平台企业产生路径具有一致性。无论是系统平台企业还是模块平台企业，都由在该层次的创新网络中具有丰富结构洞的节点企业演化而成。核心模块平台企业凭借自身在本模块、整个网络中的结构洞优势，以及核心模块在系统平台中的主导地位，成为系统平台企业。

高技术服务创新网络平台化规律为网络宏观政策制定者与微观创新实践者提供了网络治理实践方面的启示与借鉴意义。网络平台承载了经济发展与企业创新的双重使命，创新网络平台化受到政府的协调和监控。平台化机理以及平台企业产生路径的明晰，有利于政府引导平台健康发展，也有利于平台企业在宏观经济环境中寻求政府的政策与资金支持。平台企业在平台中充当着关键角色，无论是在结构上还是功能上都是平台的核心，因而众多企业都希望成为所在网络中的平台企业，作为平台领导者，推动整个平台发展，达到共赢。对于大企业而言，只有加强与各个功能群体的联系、合作，向相关的业务领域渗透，整合系统资源，构建网络结构洞，成为占据丰富结构洞的节点企业，在网络平台化的过程中才会具备强劲实力，获得平台主导地位，向系统平台企业演变；而对于小企业而言，限于自身规模、技术实力，只有努力寻求本业务领域中领导者地位，集成本群体优势，才有助于自身向模块平台企业发展。

可进一步尝试获取高技术服务创新网络中企业间合作关系数据，进行结构洞分析，形象阐释创新网络平台化机理及平台企业产生路径。

一、制造企业网络位置界定

网络是企业获取社会资本的载体，系统是网络的一种形式，能为系统中的企业提供信息、知识等资源。参与复杂产品系统研发制造的主体，借助模块化生产模式，形成了系统集成商、模块供应商、用户等主体共同构筑的集成型、中心型、嵌套型多种形态的模块化制造网络（尹建华等，2008）。但是，在现今跨界融合趋势下，系统所对应的社会关系网络边界不断延伸，系统与系统间的边界变得模糊，同一个供应商可能与多个制造企业建立联系，不同的制造企业之间也可能因为合作研发形成关系缔结。基于此，碎片化的关系嵌入组合成系统化的关系嵌入。由此，系统所对应的小网络共同组合为一个大的产业内组织间合作创新网络。每一个制造企业凭借在此网络中的不同站位，获得信息、知识等社会资本。制造企业的网络位置结果体现为它在产业内组织间合作创新网络中的位置，是制造企业结构嵌入性社会资本的反映。

值得注意的是，本书所研究的合作创新网络并非复杂产品系统内部合作创新网络，而是跨系统的产业内组织间合作创新网络（在后续章节中简称"产业合作创新网络"）。系统内部合作创新网络是由参与单个复杂产品系统开发的所有企业组成的，而本书所聚焦的产业合作创新网络是由该产业中所有具有合作关系的企业所组成的。对于复杂产品系统制造企业来说，普遍而高效的创新网络是企业合作的载体，是交换资源、信息的渠道，也是企业多样化社会资本的来源。故要基于社会资本视角展开制造企业的技术标准化主导能力研究，若只从系统内部进行分析，则忽略了制造企业在系统外部的合作网络中可以获得大量社会资本这个事实。另外，复杂产品系统的技术标准化，并不仅仅关乎单个系统内部企业，也是产业中所有相关企业共同的战略目标。从根本来讲，落实到最终标准制定上，这些参与标准制定的企业并不一定是单个系统内部的，可能是来自多个系统的。因此，制造企业的技术标准化主导能力，不能仅仅局限于系统内部，还应扩展到其他系统中的企业。基于此，着眼于整个产业内组织间合作创新网络的跨系统网络分析是必要的。以往的复杂产品系统创新多关注系统内部主体间合作创新，忽略了制造企业与系统外部主体间的互动创新价值。本书弥补了该研究缺口，将复杂产品系统研究从系统内部层面拓展到跨系统研究层面，这也是本书的创新点之一。

二、制造企业网络位置的刻画维度

网络位置是社会网络分析中个体网研究分支范畴内最核心的内容之一。简单来说，制造企业网络位置反映为它所处产业合作创新网络中的位置。网络位置是网络主体权利的象征，描述了主体获得知识、信息等资源的潜力（任胜钢 等，2014），也反映了它拥有通往新知识的机会，这些机会对开发新产品或产生创新至关重要。拥有优越网络位置的企业在开展创新活动时更具优势，这一观点也在许多相关研究中得到支持（钱锡红 等，2010）。优越的网络位置通常也在一定程度上代表网络主体的高社会地位与权利、在行业中的良好声誉和强大的影响力，以及获得知识资源的便捷性（Park et al.，2001；Tsai，2001）。网络位置常被视为一种信号。比如，处于网络中心位置的企业被认为在共享和整合知识资源、发掘潜在合作需求、吸引合作伙伴方面更具优势（李文聪 等，2017）。网络位置的不同也意味着获得有价值知识、资源的机会与可能性的大小（任胜钢 等，2014）。

由上一节可知，产业合作创新网络的结构会随时间而变化，网络规模、网络主体间关系分布都处于动态演变之中。因此，同一个制造企业在不同时期网络中的站位也会演变。这也是本书在实证分析中采用基于面板数据的回归分析方法的原因之一。为了能够全面、准确地考察各制造企业在不同时期的网络位置，展开后续理论分析，我们首先需要结合制造企业创新的特点，明确制造企业网络位置的刻画维度。

大量与创新相关的研究认为，创新是搜索和重组现有知识的一个过程（Savino et al.，2017；Kogut et al.，1992；Fleming et al.，2001；König et al.，2011）。笔者沿用这一观点，认为企业一方面需要向与其知识领域相似的合作伙伴学习，强化自身知识基础；另外一方面需要向具有不同架构知识的合作伙伴学习，从而拓展自身知识（Yayavaram et al.，2018）。也就是说，企业需要在组织间网络中同时搜索两种类型的知识——域知识（domain knowledge）与架构知识（architectural knowledge）。优越的网络位置通常意味着更有潜力获取知识、开发创意（Tsai，2001；Zaheer et al.，2005）。在已有研究中，网络度中心性和结构洞是两种更多被关注和探讨的维度，在 Fang 等（2015）、Koka 等（2008）、Tsai（2001）、曾德明等（2015）诸多研究中都被重点分析。居于结构洞位置的企业，更易于从网络中的异质性知识主体处获得架构知识（Fang et al.，2015；Koka et al.，2008；Ferreras-Méndez et al.，2015），而处于网络度中心位置的企业在接触具有相似知识领域的知识主体方面更具有优势（Koka et al.，2008）。

在这种逻辑之下，笔者认为，制造企业的度中心程度反映了它获取域知识的能力，而制造企业所占据的结构洞的丰富程度则反映了它获取架构知识的能力。因此，在本书中，笔者将制造企业在组织间网络中的站位一分为二：一个是度中心站位，另一个是结构洞站位。在这里，笔者以制造企业 A 和 B 为例，描绘出它们各自在 2003—2005 年合作创新网络中的两类站位（如图 2.11 所示）。其中，带有数字标记的点代表轨道交通行业中的不同组织，节点越大表示该组织与其他组织联合申请专利的总次数越多。节点间的连接表示两个组织共同申请专利的行为，连接线越粗，代表联合申请次数越多。由图可见，制造企业 A 在网络中占据更中心的位置，制造企业 B 在网络中占据更多的结构洞位置。

企业间的技术互动根植于合作网络，网络是企业获取社会资本的载体，网络位置的不同使制造企业从网络中获取的信息、知识等社会资本也存在差异。良好的网络位置能为制造企业主导标准化增加影响力，传递所需的知识资源（Koka et al.，2008）。基于上述特点，本书将从"收益—成本"视角，聚焦度中心性和结构洞两个维度进行主效应分析。

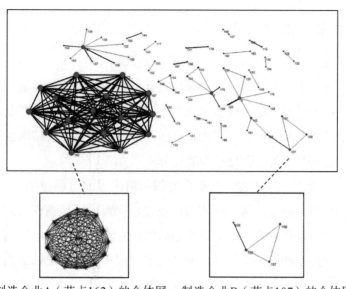

制造企业A（节点162）的个体网　　制造企业B（节点107）的个体网

图 2.11　2003—2005 年制造企业 A 和 B 的两类站位

三、制造企业网络位置的测度

1. 度中心性的测度

度中心性反映网络主体与其他主体建立直接连接的程度（曾德明等，2015）。本书参考史金艳等（2019）的研究，采用与制造企业直接相连的网络节点的数目来测度该制造企业的度中心性。具体计算过程可通过 Ucinet 软件实现。

2. 结构洞的测度

对于结构洞，一般可以用 Burt 的结构洞指数及 Freeman 给出的中间中心度指数两种方法进行测量。本书选取 Burt 的结构洞指数。Burt 的结构洞指数主要考虑有效规模、效率、限制度和等级度四个方面，本书选取有效规模作为结构洞的测量指标，反映网络中的非冗余因素。

$$NS_i = \sum_j \left(1 - \sum_q p_{iq} m_{jq}\right) \text{，} q \neq i, j \qquad (2.1)$$

其中，j 表示与自我点 i 相连的所有点，q 是除了 i 或 j 之外的每个第三者，p_{iq} 代表行动者 i 投入 q 的关系占比，m_{jq} 是 j 到 q 的关系的边际强度。具体计算过程可通过 Ucinet 软件实现。

第三节　本章小结

本章为本书的第二部分，主要研究内容如下。

第一节围绕"复杂装备产业合作创新网络生成与演化"展开。以轨道交通产业为样本，采用社会网络分析法、Ucinet 软件，对产业合作创新网络的生成与结构特点、演进趋势展开分析，尤其是从结构洞视角对产业合作创新网络的平台化机理展开分析。

第二节围绕"复杂装备制造企业的网络位置的内涵与测定"展开。基于社会网络分析法，从上一节的产业合作创新网络层面深入到企业层面，聚焦产业合作创新网络中最核心的创新主体——制造企业进行分析，详细阐述制造企业网络位置的内涵，提出以度中心性和结构洞为其网络位置的构成维度，并开发了相关变量的测度方式。

综上所述，本章主要探讨本书的第一个研究问题，即"复杂装备产业合作创新网络如何生成与演化，具有何种特征？制造企业在其中的网络位置又如何？"

第三章 制造企业的技术标准化主导能力形成机理与影响因素

第一节 制造企业技术标准化主导能力形成机理

一、制造企业在复杂装备产业技术标准化过程中的主导作用

1. 复杂装备的技术标准化

（1）传统的技术标准化

Mex Weber 在《新教伦理与资本主义精神》中指出，一系列规则的预期目标的研究制定是结构化资本主义发展的刺激因素之一，而正是这种正式规则的制定（其中包含各种标准）培育了必将到来的资本主义，使得欧洲在 1500 年开始发展起来①。

标准最初主要为对产品或服务在技术与质量上的要求。随着技术的快速更新、高技术产业的高速发展，标准所含内容日趋丰富，一些技术解决方案不可避免地嵌入标准中，由此出现了技术标准的概念。技术标准属于标准范畴，多指在互联网信息技术等高技术领域中，含有一定量的相关技术解决方案的这类标准（张平 等，2002）。技术标准是流程、产品、程序、格式等所有元素都必须遵循的技术规范和说明（Tassey，2000），是一种或一系列具有一定指导性和强制性的要求。技术标准的内容包括技术要求细则、相关技术方案文件等。技术标准的首要目的是促使相关产品或者服务在进入市场之前达到一定的技术要求和安全要求。它主要包含两层含义：第一，设立了一条技术水平线，低于该水平线的

① 资料来源：侯俊军《标准与我们的生活》（慕课课程）。转引自 Cargill《开放系统标准化》。

即为不合格生产技术；第二，若低于相关技术标准，可通过寻求技术标准体系中相关完备技术许可，获得符合标准的生产技术（张平 等，2002）。技术标准的几个典型的案例如：欧洲数字电视广播联盟标准、动态图像专家组标准、中国数字视频编解码技术标准、移动多媒体广播技术标准，以及目前备受关注的 5G 通信标准等。

国际标准化组织对标准化的定义为：对实际与潜在问题做出统一规定，供共同和重复使用，以在相关领域内获得最佳秩序的效益活动，其实质在于其普遍性和统一性（张平 等，2002），其目的在于在一定范围内获得最佳秩序和实现最佳共同效益。标准化可在不同的分析层面得以实现，这些不同层面的标准化之间还可互相促进。比如，产品的技术标准化和产业的技术标准化，两者相互交织、密不可分，产品的技术标准化最终可实现整个产业的技术标准化，而产业的技术标准化则需要具体到产品的技术标准化。

标准化的具体形式有简化、统一化、通用化、系列化、模块化等类型。其中：简化的实质是精炼；统一化的实质是使得对象的形式、功能或者其他技术特性达到一种一致性；通用化是一种设计原则，其实质是互换性，目的在于通过明确具有功能或尺寸可互换性的子系统（或模块），实现该子系统在相互独立的系统中通用的可能性；系列化主要是通过对同类产品或服务的发展规律的分析研究，对主要参数和形式做出合理安排，以协调系列产品或服务及配套产品或服务的关系，其目的是实现产品族开发优势；而模块化则是以模块为基础，综合通用化、系列化和组合化的特点，解决复杂系统中类型多样化、功能多变性的最高级标准化形式（刘杰 等，2017）。

标准化的实现往往依托于标准化组织或技术标准联盟，如国际标准化组织、欧洲电信标准协会、第三代协作项目组织等都是国际上声名赫赫的标准化组织（王鑫 等，2016）。又如，支撑中国城市轨道交通发展的两大标准化技术机构，即负责归口管理城市轨道交通产品相关标准的全国城市轨道交通标准化技术委员会，以及负责归口管理城市轨道交通工程建设相关标准的住房和城乡建设部城市轨道交通标准化技术委员会。

——创新网络位置对技术标准化主导能力影响实证研究

基于中国复杂装备制造业

（2）复杂产品系统领域的技术标准化

国际电工委员会指出，技术多样性及许多新兴市场中的技术融合，都使得相应领域中的标准化工作越来越被需要，比如，在大型基础设施建设领域开展自上而下的标准化工作越发受到重视（李春田，2015）。技术标准化在复杂产品系统领域的重要性正逐渐受到关注，大量研究认为，复杂产品系统的技术标准化事关国家兴衰（李春田，2015）。

复杂产品系统的技术标准化较为复杂，并非简单地将传统的技术标准化工作复制到复杂产品系统环境中。相比于普通的大规模制造产品，复杂产品系统的技术标准化在内容和难度等方面表现出独有特征。

在复杂产品系统开发过程中，组件内部开发需要遵循一定的技术要求，组件之间耦合也要遵循接口规范（江鸿 等，2015；贺俊 等，2018）；另外，知识集成、产品组装还要求标准成套且相互适配协同（李春田，2015）。这些都是复杂产品系统技术标准化的内容。可见，复杂产品系统的技术标准化主要涉及组件内技术标准和组件间接口技术标准两类。组件内技术标准确保规范组件内部开发，组件间接口技术标准确保组件接口的兼容性及接口间可互联、互通、互操作（贺俊 等，2018），保证标准体系成套和匹配协同（李春田，2015）。比如，2013年，350 km/h 中国标准动车组研制与统型工作开启，2017 年 9 月，该动车组正式投入运营。通过建立中国标准体系，解决了当时基于不同国家的标准体系研发所产生的知识产权争端，以及依托不同产品开发平台而导致的产品投入使用后的运营及维护问题。在项目开展过程中，重新定义了软硬件接口与工作逻辑，并在 3 年内构建了新的标准体系（其中，中国标准占重要标准总数的 84%），使得不同厂家出产的动车组在物理、逻辑上实现互联互通，彼此的产品能够相互备用和控制（江鸿 等，2015）。

复杂产品系统的技术标准化在实现上呈现出系统性、强专用性、高综合性、对所需知识广度和深度要求更高等特点，具体如下。①复杂产品系统的高复杂性和系统性，使其标准化分布在不同产品模块和技术领域，具有综合化与体系化的特点。②复杂产品系统往往具有定制化特征，

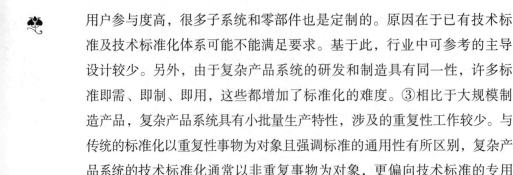

用户参与度高，很多子系统和零部件也是定制的。原因在于已有技术标准及技术标准化体系可能不能满足要求。基于此，行业中可参考的主导设计较少。另外，由于复杂产品系统的研发和制造具有同一性，许多标准即需、即制、即用，这些都增加了标准化的难度。③相比于大规模制造产品，复杂产品系统具有小批量生产特性，涉及的重复性工作较少。与传统的标准化以重复性事物为对象且强调标准的通用性有所区别，复杂产品系统的技术标准化通常以非重复事物为对象，更偏向技术标准的专用性。④由于技术的高复杂性和跨学科特点，复杂产品系统的技术标准化对所涉及的技术领域范围和认知深度的要求也较高（李春田，2015）。不仅追求某个组件内部的技术标准化，还要注意组件间的标准兼容、适配和协同。组件内技术标准倾向于传统的标准，要求细分领域的专业标准化工作者精耕细作（李春田，2015），因此更加要求复杂产品系统制造企业加强对知识的认知（苏敬勤 等，2014a）；而组件间接口技术标准则更需要跨多个领域、具有系统集成能力的综合性人才（李春田，2015）的多方位知识积累，此时更注重知识的宽度（江鸿 等，2019）。

也有研究对复杂产品系统的技术标准化具体实现形式，做了一定探索。如基于黑箱理论的模块化方式、基于系统理论的综合标准化方式，以及模块化与综合标准化相融合的方式等（李春田，2015）。

制造企业在复杂产品系统技术标准化中的主导能力，是它在该标准化过程中的主导作用在能力层面的体现。为了打开制造企业技术标准化主导能力的形成机理黑箱，以及更为全面而准确地识别相关影响因素，有必要弄清复杂产品系统技术标准化过程中制造企业的主导作用。关于这一研究，主要分两步进行。第一步，基于演化博弈论，对复杂产品系统技术标准化过程中各主体间的竞合行为进行刻画。第二步，在此基础上，提炼出在该过程中制造企业的产生方式和主导作用。

2. 复杂装备技术标准化过程演化博弈

（1）基于竞合关系的制造企业与供应商参与标准制定的自组织行为分析

在信息技术的普及和物联网、云计算等关键技术的驱动下，高端装备制造业、高技术服务业在国民经济中所占比重逐渐增加，很多复杂装备不仅在生产领域发挥重要支撑作用，也成为国民生活中不可或缺的工具。产业组织范式也由企业间的竞争演变为系统间的竞争（王秀丽 等，2016）。系统间的竞争很大程度上是由制造企业所主导的，目的在于争夺系统在产业中的主导权。而在系统内部，在协作创新、价值共同创造的过程中，各主体间关系却主要体现为竞争与合作。当传统的价值链解构、重建并相互缠结、交织，就会重新整合形成价值网络。网络化的价值创造趋势意味着企业间关系的演变，竞合逐渐取代传统的单边竞争、合作关系，成为系统内部企业间共同创造价值的主要方式。企业竞合行为也已成为驱动复杂装备产业集群协同创新的关键因素（侯光文 等，2016）。

　　模块性是复杂产品系统的重要特征，系统采用模块化制造，各模块之间通过一定的技术标准相互耦合。规则的制定与标准的确立是创造产品及获取利润的依据，模块的集成是最终产品和利润的实现载体（盛革，2013）。然而，标准的形成不是一蹴而就的，而是参与标准制定的企业相互博弈的一个结果。技术标准化是实现复杂装备内部模块间耦合的关键手段，在标准的接口规范下，系统内部各模块可以在将自己的内部技术封装在模块内部，同时实现与其他模块的联动。参与复杂装备研发的企业间往往存在着密切的竞争与合作关系（侯光文 等，2016），技术标准化也可被视为基于系统内部主体间竞合关系的系统自组织演化的一种结果（王程韡 等，2007）。

　　复杂装备是一种网络状的产业链，包含的核心主体主要有模块集成商（即制造企业）与模块供应商两种（张琰，2008）。而参与复杂装备技术标准化的主体主要有以下几类：制造企业、模块供应商、标准化委员会等。标准可分为事实标准与法定标准，但是由于各自存在优缺点，现实中的标准制定多表现为两者交织的状态（王程韡 等，2007）。另外，由于标准委员会的工作内容主要在于标准的立项、组织、管理、审查、批准、发布等行政事务，实际参与标准内容起草的大多是企业主体。因此在研究复杂装备技术标准化过程中，制造企业和供应商两类企业主体

的行为和相互作用是被优先考虑的。并且在探索标准化过程中系统内部主体间竞合关系的时候，还要聚焦分析制造企业与模块供应商之间的竞合关系。一方面，由于标准具有知识综合性，制定标准需要来自制造企业与模块供应商的多个技术领域的知识。为了完成系统的顺利开发，两类主体的共同目标均是技术标准的成功制定，因而主体间资源共享、信息互通、相互合作，使相关产业集群内各种信息、技术、知识、人才实现充分整合，各自的创新资源有效配置（侯光文 等，2016），协同完成标准制定。另一方面，由于标准形成有可能带来巨大收益，两类主体都期望能将自身所拥有的技术专利纳入标准必要专利池中，掌握标准制定的主导权，因而在二者之间又存在着竞争。因此，可将复杂装备内部技术标准化视为系统内部制造企业与模块供应商相互博弈的结果。而伴随着变形衍生品开发及产品升级换代，技术标准也处于动态发展之中（张远生 等，2011），这使得制造企业与供应商处于持续不断的竞合博弈中，并且任一方的行为都会对另一方的竞合策略选择过程产生影响（侯光文 等，2016）。

基于以上分析，本节拟将复杂装备技术标准化过程作为研究对象，构建有限理性制造企业与供应商竞合演化博弈模型，在有利于技术标准形成的情况下，综合分析影响二者在演化博弈系统中决策行为的影响因素，为复杂装备开发合作机理的建立提供理论建议。

（2）演化博弈模型建立

我们首先通过设定基本假设，分析制造企业与供应商两类主体的标准化策略集合，然后根据理论分析，构建各自的收益函数。

①基本假设

第一，一个典型的复杂装备往往由一个制造企业及多个供应商构成。在长期的复杂装备内部技术标准制定过程中，制造企业需要与不同的供应商展开多次博弈。假设不同供应商提供不同的模块，彼此间没有竞争关系，即供应商间是互相独立的，通过构建制造企业与一个供应商间的博弈模型并展开分析，就能明确制造企业与多个供应商在对应的技术标准发展中合作的演化情况。

第二，制造企业与供应商并非完全理性。他们在理性意识、识别判断、记忆，以及明确行为、分析推理等多方面的能力存在差异。一开始，他们通常不能找到最优策略，而会在博弈中不断学习、不断调整和改进，以寻找较好的策略。

第三，标准的制定受到政府政策、市场需求、技术趋势等外部环境因素的影响，但是在这里我们不考虑外部环境的变化，只假设复杂装备内部技术标准的制定是制造企业和供应商的博弈的产物。

第四，假设两类主体行为方式的选择完全基于合作制定标准所获得的收益，那么，制造企业表现出两种行为方式：发起新标准制定或者不发起新标准制定；供应商表现为两种行为方式：参与新标准制定或者不参与标准制定。

第五，标准化生产是复杂装备研发制造不可或缺的方式，可有效减少技术复杂性、缓解生产中的困境。据此，我们假设标准化生产在复杂装备的研发制造中是必须的。那么，当只有一方参与标准制定时，另外一方同样也要在该标准下进行生产，所以此时不参与标准制定的一方也会获得标准化收益。但是在参与标准制定的情况下，所获得的标准化收益与不参与标准制定所获得的标准化收益是不一样的。同理，即使我们所考虑的制造企业和供应商双方都不参与标准制定，双方也同样要遵从行业中其他企业所制定的标准，在此标准下组织生产，也会获得标准化收益。

一般情况下，由于制造企业与供应商在知识基础、技术积累上有较大差异，并且二者在复杂装备产业集群中的地位悬殊，因此，笔者采用非对称演化博弈方法来对二者在技术标准制定中的竞争与合作问题进行分析。

②构建标准化博弈收益函数

制造企业与供应商关于标准制定策略选择的博弈，决定了标准形成的动态演化轨迹以及演化博弈的稳定性。在此基础上，构建两类主体的标准化博弈收益函数，具体过程如下。

第一，假设制造企业发起制定新标准，供应商积极响应，两类主体

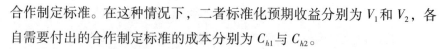

合作制定标准。在这种情况下，二者标准化预期收益分别为 V_1 和 V_2，各自需要付出的合作制定标准的成本分别为 C_{h1} 与 C_{h2}。

第二，当制造企业发起标准制定，供应商选择不参与的时候，制造企业独立设置规则，完成标准制定，标准化预期收益仍然为 V_1。此时相比于与供应商合作制定标准，需要承担更多的标准独立制定成本 C_{d1}。而对于供应商来说，要参与复杂装备的开发，需要在此标准下进行。鉴于在高技术产业，标准的私人物品属性越来越明显，包含的技术专利也越来越多，在标准使用中可能会涉及某些标准必要专利，因而可能会为此支付一笔不小的专利使用许可费 P_2。由于提供的模块不一定适合系统的要求，因此还要承担更多的生产成本 C_{S2}，此时供应商所获得的标准化预期收益为 $V_2^{'}$。

第三，当制造企业不发起新标准的制定，反而去配合供应商所开发的标准的时候，制造企业的标准化收益为 $V_1^{'}$，此时可能需要支付专利许可费 P_1，并且在模块组装、系统集成时，还需要调整复杂装备总体架构，或者更改自己开发的核心模块接口以适应供应商所确定的事实标准，承担更多的集成成本 C_{j1} 和产品生产成本 C_{s1}。此时供应商所获得收益为 V_2，同时承担独立开发标准的成本 C_{d2}。并且，由于供应商的话语权高，制造企业既受到地位的挑战，又可能受到来自供应商转型升级为制造企业的挑战，因此制造企业的系统管理成本 C_{g1} 无形中增加了。

第四，当制造企业与其供应商在标准制定中均表现消极时，则制造企业不得不使用其他企业所制定的标准，从而难免会向其他企业支付许可费，并承担各种额外的生产成本等；并且，还可能因此使得合作生产的复杂装备在市场中完全受制于其他制造商，降低了自身产品系统的整体竞争力。两类主体各自的标准化收益分别为 $V_1^{'}$ 和 $V_2^{'}$。由于其他制造企业地位的提升，造成供应商流失，因此，这种情形又增加了制造企业招募供应商的组织成本 C_{x1}。对于供应商来说，没有标准加持就会沦为行业中最底层的供应商，在行业中的竞争力降低，合作对象范围变窄，增加了主动接触其他制造企业以寻求合作的成本 C_{x2}。

综上所述，制造企业与供应商关于复杂装备技术标准化博弈的收益矩阵如表 3.1 所示。

表 3.1　制造企业与供应商技术标准化博弈的收益矩阵

制造企业	供应商	
	参与标准制定	不参与标准制定
发起标准制定	$V_1 - C_{h1}$，$V_2 - C_{h2}$	$V_1 - C_{d1}$，$V_2' - P_2 - C_{S2}$
不发起标准制定	$V_1' - P_1 - C_{s1} - C_{j1} - C_{g1}$，$V_2 - C_{d2}$	$V_1' - P_1 - C_{s1} - C_{j1} - C_{x1}$，$V_2' - P_2 - C_{S2} - C_{x2}$

　　假设制造企业发起标准制定的概率为 x，供应商参与标准制定的概率为 y。那么，制造企业两种标准化策略的期望收益分别为 W_{s1}、W_{f1}，$\overline{W}_1$ 为制造企业的平均收益水平。得到

$$W_{s1} = y(V_1 - C_{h1}) + (1 - y)(V_1 - C_{d1}) \tag{3.1}$$

$$W_{f1} = y(V_1' - P_1 - C_{s1} - C_{j1} - C_{g1}) + (1 - y)(V_1' - P_1 - C_{s1} - C_{j1} - C_{x1}) \tag{3.2}$$

$$\overline{W}_1 = x W_{s1} + (1 - x) W_{f1} \tag{3.3}$$

　　同理，供应商的两种标准化策略的期望收益分别为 W_{s2}、W_{f2}，$\overline{W}_2$ 为供应商的平均收益水平。得到

$$W_{s2} = x(V_2 - C_{h2}) + (1 - x)(V_2 - C_{d2}) \tag{3.4}$$

$$W_{f2} = x(V_2' - P_2 - C_{s2}) + (1 - x)(V_2' - P_2 - C_{s2} - C_{x2}) \tag{3.5}$$

$$\overline{W}_2 = y W_{s2} + (1 - y) W_{f2} \tag{3.6}$$

（3）演化稳定策略分析

　　由于复杂装备的技术标准化是不断重复的过程，因此，要对技术标准的形成原理与博弈双方的策略变化特征进行预测，仅仅考虑单次的博弈结果或短期均衡是不够的。接下来，笔者通过对演化稳定策略的求解分析，描绘出制造企业与供应商双方关于标准化竞合关系的长期变化趋势。

　　基于复制动态机制（谢识予，2007；黄敏镁，2010），可以得到制造企业标准化策略的复制动态方程，即

$$F(x) = \frac{\mathrm{d}(x)}{\mathrm{d}t} = x(W_{s1} - \overline{W}_1)$$

$$= x(1-x)\begin{bmatrix} y(-C_{h1} + C_{d1} + C_{g1} - C_{x1}) + \\ (V_1 - C_{d1} - V_1' + P_1 + C_{s1} + C_{j1} + C_{x1}) \end{bmatrix} \tag{3.7}$$

同理，可得供应商的复制动态方程，即

$$F(y) = \frac{\mathrm{d}(y)}{\mathrm{d}t} = y(W_{s2} - \overline{W}_2)$$

$$= y(1-y)[x(-C_{h2} + C_{d2} - C_{x2}) + (V_2 - C_{d2} - V_2' + P_2 + C_{s2} + C_{x2})] \tag{3.8}$$

为了简化公式，我们令

$$-C_{h1} + C_{d1} + C_{g1} - C_{x1} = A_1 \tag{3.9}$$

$$V_1 - C_{d1} - V_1' + P_1 + C_{s1} + C_{j1} + C_{x1} = A_2 \tag{3.10}$$

$$-C_{h2} + C_{d2} - C_{x2} = B_1 \tag{3.11}$$

$$V_2 - C_{d2} - V_2' + P_2 + C_{s2} + C_{x2} = B_2 \tag{3.12}$$

则得到二维动力系统，即

$$\begin{cases} F(x) = \dfrac{\mathrm{d}(x)}{\mathrm{d}t} = x(1-x)(A_1 y + A_2) \\[2mm] F(y) = \dfrac{\mathrm{d}(y)}{\mathrm{d}t} = y(1-y)(B_1 x + B_2) \end{cases} \tag{3.13}$$

令 $F(x) = 0$，$F(y) = 0$，可得系统的五个均衡点，分别为 O $(0, 0)$、A $(0, 1)$、B $(1, 1)$、C $(1, 0)$、D $(-B_2 / B_1, -A_2 / A_1)$。

通过复制动态方程所求得的均衡点并不一定就是系统的演化稳定策略（于涛 等，2016）。进一步，我们通过分析系统的雅可比矩阵的局部稳定性，导出本研究的演化稳定策略。

$$J = \begin{pmatrix} \dfrac{\partial F(x)}{\partial x} & \dfrac{\partial F(x)}{\partial y} \\[2mm] \dfrac{\partial F(y)}{\partial x} & \dfrac{\partial F(y)}{\partial y} \end{pmatrix} = \begin{pmatrix} (A_1 y + A_2)(1 - 2x) & A_1 x(1-x) \\[2mm] B_1 y(1-y) & (B_1 x + B_2)(1 - 2y) \end{pmatrix}$$

$$\tag{3.14}$$

由于 $P = (x_0, y_0)$ 是演化稳定策略，当且仅当，此时 $|J| = 0$，且

$tr(J) < 0$（侯光文 等，2016；于涛 等，2016；许民利 等，2012）。

第一种情形，当 $-A_2/A_1 > 1$，$-B_2/B_1 > 1$，且 $A_1 < 0$，$B_1 < 0$ 时，各均衡点雅可比矩阵如表 3.2 所示。

表 3.2　第一种情形下各均衡点雅可比矩阵分析

均衡点	$\lvert J \rvert$	符号	$tr(J)$	符号	稳定性
(0，0)	$A_2 B_2$	+	$A_2 + B_2$	+	不稳定
(0，1)	$-(A_1 + A_2) B_2$	−	$A_1 + A_2 - B_2$	/	鞍点
(1，0)	$-(B_1 + B_2) A_2$	−	$B_1 + B_2 - A_2$	/	鞍点
(1，1)	$(A_1 + A_2)(B_1 + B_2)$	+	$-(A_1 + A_2) - (B_1 + B_2)$	−	ESS
$(B_1/B_2，A_1/A_2)$	$-A_2 B_2 (1 + A_2/A_1)$ $(1 + B_2/B_1)$	−	0	0	鞍点

据此，做出这种情形下的复制动态相位图，如图 3.1 所示。

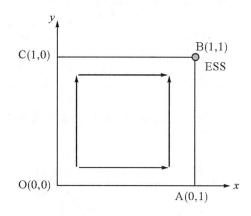

图 3.1　第一种情形相位图

在这种情形下，由 $A_1 + A_2 > 0$，可知，$V_1 - C_{h1} > V_1 - P_1 - C_{s1} - C_{j1} - C_{g1}$，表明制造企业发起标准制定的净收益，相比于不发起标准制定时所获得净收益更大。并且，由 $B_1 + B_2 > 0$，可知 $V_2 - C_{h2} > V_2 - P_2 - C_{s1}$，表明供应商参与标准制定的净收益比不参与标准制定时的净收益更大。

综上所述，当 $V_1 - C_{h1} > V_1' - P_1 - C_{s1} - C_{j1} - C_{g1}$，$V_2 - C_{h2} > V_2' - P_2 - C_{s1}$ 时，在两个群体类型比例变化复制的动态关系平面 $M =$

$\{(x, y) \mid 0 \leqslant x, y \leqslant 1\}$ 中，无论初始状态位于平面中何处，系统均将收敛到稳定点 B $(1, 1)$，此时演化稳定策略为 1。即当制造企业与供应商双方参与标准制定的净收益均高于不参与标准制定时的净收益时，博弈双方均会将参与标准制定作为标准化决策，即制造企业选择"发起"策略，供应商选择"参与"策略。

第二种情形，当 $0 < -A_2/A_1 < 1, 0 < -B_2/B_1 < 1$，且 $A_1 > 0$，$B_1 > 0$ 时，此时有 $A_2 > 0$，$B_2 > 0$ 且 $A_1 + A_2 > 0$，$B_1 + B_2 > 0$，各均衡点雅可比矩阵如表 3.3 所示。

表 3.3　第二种情形下各均衡点雅可比矩阵分析

均衡点	$\mid J \mid$	符号	$tr(J)$	符号	稳定性
$(0, 0)$	$A_2 B_2$	+	$A_2 + B_2$	−	ESS
$(0, 1)$	$-(A_1 + A_2) B_2$	+	$A_1 + A_2 - B_2$	+	不稳定
$(1, 0)$	$-(B_1 + B_2) A_2$	+	$B_1 + B_2 - A_2$	+	不稳定
$(1, 1)$	$(A_1 + A_2)(B_1 + B_2)$	+	$-(A_1 + A_2) - (B_1 + B_2)$	−	*ESS*
$(B_1/B_2, A_1/A_2)$	$-A_2 B_2 (1 + A_2/A_1)$ $(1 + B_2/B_1)$	−	0	0	鞍点

据此，做出这种情形下的复制动态相位图，如图 3.2 所示。

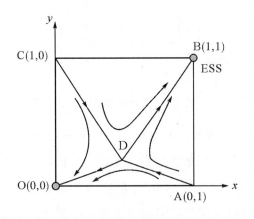

图 3.2　第二种情形相位图

在这种情形下，由 $A_1 + A_2 > 0$，可知 $V_1 - C_{h1} > V_1' - P_1 - C_{s1} - C_{j1} - C_{g1}$，表明制造企业发起标准制定的净收益，相比于不发起标准制定时

所获得净收益更大。并且，由 $B_1 + B_2 > 0$，可知 $V_2 - C_{h2} > V_2 - P_2 - C_{s1}$，表明供应商参与标准制定的净收益比不参与标准制定时的净收益更大。

综上所述，此时系统存在两个演化稳定策略，分别为：制造企业选择发起策略，供应商选择参与策略；或者制造企业选择不发起策略，供应商选择不参与策略。当制造企业与供应商参加标准制定时的标准化净收益均大于不参加标准制定时的标准化净收益的时候，博弈双方长期演化的结果是：双方要么都参加标准制定，要么都不参加标准制定。并且当双方博弈的初始状态位于区域 OADC 范围时，系统向 O（0，0）点收敛，即制造企业与供应商均不参与标准制定。而当双方博弈的初始状态位于区域 DABC 范围时，系统将向 B（1，1）收敛，即制造企业与供应商均参与标准制定。

（4）复杂装备产业创新网络主体间技术标准化博弈均衡策略建议

分析上述演化博弈过程，我们可得以下结论。

命题 1：无论是演化博弈均衡的第一种情形还是第二种情形，都基于同一个前提条件，那就是 $A_1 + A_2 > 0$，$B_1 + B_2 > 0$。也就是说，当参与标准制定的预期净收益大于不参与标准制定时的净收益时，制造企业与供应商双方博弈的均衡策略是：要么都参与标准制定，要么都不参与制定。

命题 2：在命题 1 的基础上，就第一种情形而言，还有一个附加条件，即 $A_1 < 0$，$B_1 < 0$。也就是说，系统还满足 $C_{d1} + C_{g1} < C_{h1} + C_{x1}$ 且 $C_{d2} < C_{h2} + C_{x2}$ 时，博弈双方的均衡策略必定是都参与标准制定。

第二种情形较为复杂。博弈双方的演化稳定策略为（不发起，不参与）和（发起，参与）。尽管双方都参与标准制定是该演化博弈的帕累托最优结果，但从笔者的分析流程来看，两个策略组都是稳定的，演化的结果朝哪个方向演化，是由区域 OADC 及区域 DABC 各自的面积大小决定的。

命题 3：在命题 1 的基础上，当 $S_{OADC} = S_{DABC}$，系统向两个策略组合演化的概率是一样的。当 $S_{OADC} < S_{DABC}$，此时博弈双方均参与标准制定的

概率大于都不参与的概率；反之，均不参与的概率大于均参与的概率。

$$由于 \quad S_{DABC} = 1 + \frac{1}{2}\left(\frac{A_2}{A_1} + \frac{B_2}{B_1}\right) = 1 +$$

$$\frac{1}{2}\left(\frac{V_1 - C_{d1} - V_1' + P_1 + C_{s1} + C_{j1} + C_{x1}}{-C_{h1} + C_{d1} + C_{g1} - C_{x1}} + \frac{V_2 - C_{d2} - V_2' + P_2 + C_{s2} + C_{x2}}{-C_{h2} + C_{d2} - C_{x2}}\right),$$

且此时 A_1 和 B_1 都小于 0，可知博弈双方是否选择（发起，参与）策略组合，取决于 V_1、C_{d1} 等诸多因素。

综上所述，我们可据此获得一些关于复杂产品系统创新网络内，企业标准化战略的一些策略建议。

第一，通过多方深度合作提高参与标准制定的预期收益。参与标准制定的预期净收益越大，越会增强企业参与技术标准化的战略意图，驱动企业把参与复杂装备标准制定作为自己的一项重要企业战。通过密切的技术交流与合作，做出有利于双方利益的技术标准，如适当规避其他企业的技术专利、融入自身技术专利，打造属于技术标准制定者的"标准私有权"，以此增加标准实施后带来的许可费等收益。增强企业的外部技术影响力（冯科，2014），提高企业在行业中的话语权，提升标准的影响力。另外，众所周知，基于网络效应或者网络外部性机制的作用，标准的安装基础越大，作为标准开发者，尤其是标准必要专利拥有者，可能获得的收益越大。因此，在标准开发中，要注意关注行业技术趋势，吸收不同企业的技术需求，提高标准的兼容性和性能，以便标准制定好之后，能在全行业推广和实施，从而增加标准潜在的安装基础。

第二，优化标准制定流程，完善合作机制，降低标准制定合作成本。借助政府等公共平台的协助，组建标准联盟，优化标准制定流程，减少标准制定的组织成本。进一步完善知识共享保护机制，减少合作制定标准构成中的知识产权冲突等，尽可能降低合作开发标准所需成本。

第三，建立协作机制，促进标准制定的顺利进行。在充分挖掘标准制定收益、降低合作开发成本的基础上，促使企业参与到标准直制定中来，同时还需要建立适当的标准制定协作机制。对制造企业来说，通过合作过程中知识资源的扩散和共享，可以优化自身的知识整合机制，尤其是提高自身的技术集成能力。对供应商来说，在保护自身核心技术的基础上，提高技术接口的适配性，实现与制造企业所提供的核心模块间的匹配，并提升与系统整体运行的同步同频，都是其可努力的方向。

3. 制造企业在技术标准化中的主导作用机理

制造企业是参与复杂装备研发的所有企业主体中最核心的主体，一方面负责核心组件（也称核心模块）的研发，另外一方面负责系统架构的设计。因此，制造企业是否主导、在多大程度上主导着模块内部的技术标准开发、模块间的接口技术标准开发，以及这些技术标准间的匹配协同是复杂装备标准化的主要内容，对制造企业确保复杂装备研发的顺利进行以及进一步创新，都具有极大的影响。

如图 3.3 所示，将复杂装备解构，可分为核心组件与互补组件。制造企业负责提供产品架构及核心组件，而供应商负责提供相应的互补组件。伴随着复杂装备的升级换代，相应的技术标准也会经历从构建到更迭的过程，而在这两个过程中制造企业均发挥着主导作用。

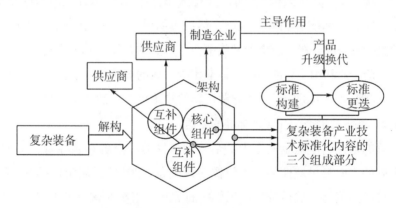

图 3.3 制造企业在复杂装备产业技术标准化中的主导作用

进一步，我们对制造企业在复杂装备技术标准化中的主导作用机理进行深入探索，如图 3.4 所示。在制造企业主导复杂装备研发的不同阶段，制造企业的主导作用的重点有所差别。在架构设计阶段，制造企业在技术标准化中的主导作用的重心是明确组件间的设计规则，从而使组件间的接口标准化实现。在组织协调阶段，还要注意规范组件内的技术细节，从而使组件内技术标准化实现。在组装集成阶段，则需要重点考慮所有标准间的匹配协同。

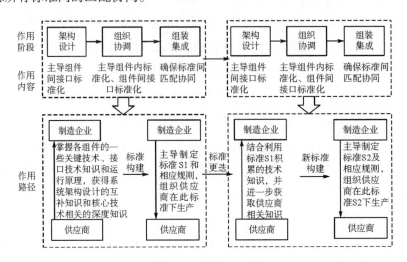

图3.4 制造企业在复杂装备产业技术标准化中的主导作用机理

从主导作用的路径来看，制造企业通过掌握各组件的一些关键技术和运行原理，获得系统架构设计的互补性知识和核心技术开发的深度知识，从而主导制定标准和相应的规则，然后组织供应商在此标准 S1 下生产。随着复杂装备的升级，或者产品族中变形产品的开发，标准更迭的需求产生，制造企业利用主导前期同类标准化所积累的技术知识和经验，以及从新的供应商处获取的知识，主导制定新的技术标准，然后组织供应商在此标准 S2 下研发生产，并实现标准的更迭。

总的来说，制造企业作为复杂装备项目的组织者和领导者，决定行业发展的方向与供应商的准入门槛（谈媛嫡，2017），制定标准 S1 及相应的技术规范等，然后选择组织供应商等互补组织在该标准下展开生产，主导作用明显。而供应商则积极配合和参与上述标准化活动，在业务领域与技术轨迹方面，遵循制造企业提出的标准、规范（谈媛嫡，2017）。

二、制造企业的技术标准化主导能力形成的双螺旋模型

与网络中一般企业有所区别，制造企业的技术标准化主导能力一方面，从本质来看，是制造企业内部各种能力相互交织与影响的结果，另外一方面是网络主体间关系相互作用所形成的。

第一，制造企业技术标准化主导能力的形成受到其内部研发能力、技术，以及产品架构能力的推动和影响（孙耀吾 等，2018）。谈媛嫡（2017）对基于模块化创新的网络主导企业的技术领导力进行研究，认为研发能力、技术，产品架构能力及技术标准制定能力是其技术领导力的不可割裂的维度，并相互影响。而这个研究逻辑同样适用于本书中的制造企业。一般来说，制造企业也是创新网络中的主导企业，通常具有较强的研发能力。而研发能力越强，对前沿技术以及技术发展动向方面越具把控力，其技术发展轨迹也越接近甚至可代表所在产业的技术轨迹；同时，其技术资源相对较丰富，也会推动其产业技术标准制定主导优势的生成。另外，制造企业的技术与产品架构能力也是促进其技术标准化主导能力形成的一大重要动力来源。在复杂装备的研发过程中，制造企业会提出详细的技术方案设计规划，并凭借自身所拥有的基础性平台开发能力、技术集成能力，提出复杂装备的总体架构，明确各子系统间的接口规范和技术标准。同时，制造企业还具有持续升级系统/产品的技术能力（陈劲，2008）。而这些都促使制造企业在整个复杂装备产业技术标准化的过程中更容易取得话语权。

第二，制造企业与合作创新网络中供应商的相互作用、权力博弈，也是促进其技术标准化主导能力形成的背景因素与动力来源。以复杂装备项目开发为载体的合作创新网络具有自组织特性（姜坤，2011；俞科女，2015）。在复杂装备的研发和知识创造过程中，制造企业、供应商、用户、科研机构等多种主体参与，各个主体间相互协作和竞争，合作创新网络自组织机制和能力逐渐增强并逐步完善，自组织特性逐渐涌现（姜坤，2011）。在这种自组织结构之中，主体间呈现一种开放的、非线性的动态关系（俞科女，2015）。网络主体一方面相互斗争、抢夺资源，另一方面通过彼此拥有的要素的联合与合作实现协调发展。而技术标准化则是将网络主体（尤其是制造企业和供应商）有效连接起来的纽带。出于成本的考虑，通用的标准化也是市场自动运行的一个结果。网络自组织机制促使制造企业在网络中的核心地位更加显著，并推动其技术标准化主导能力形成，这也是制造企业技术标准化主导能力形成的外部动力所在。

已有研究试图打开制造企业技术标准化主导能力的具体形成过程的理论黑箱，但少有研究对此做出了深入的剖析。系统性理论支撑不足，对标准化主导能力形成路径的描绘也比较模糊。基于上述现状，本书试图引入生物学中解释 DNA 结构的"双螺旋结构"，对该问题进行深入探索。

双螺旋结构来自分子生物学，是 DNA 结构形式，主要包括反向平行的两个链条，以及将两个链条连在一起的碱基对。双螺旋结构正逐渐被运用到社会学、管理学等学科中，用以说明两个相互独立又彼此联动的能力、过程等（张亮 等，2014）。王宏起等（2014）认为，创新双螺旋由 DNA 双螺旋结构衍生而来，包含技术进步和应用创新两条螺旋线，而创新是一种复杂现象，由多个创新主体及创新要素在创新双螺旋结构下产生。他们基于此提出了以市场需求拉动和科技创新驱动为两条主线的区域战略性新兴产业双螺旋培育模型。基于这些因素，本书借鉴这种思想，将制造企业技术标准化主导作用与复杂装备技术标准化过程视为双螺旋结构的两条链条，它们构成了一对相互作用的双螺旋结构，互为支撑，相互依托，互相促进，如图 3.5 所示。由图可见，制造企业参与技术标准化，是其技术标准化主导作用与复杂装备的技术标准化两条链条之间的通道和"粘合剂"。它们相辅相成、同步同频。制造企业的技术标准化主导能力就是在其主导作用发挥的过程中逐步积累的。随着技术标准化阶段的深入，技术标准化主导能力不断推进，处于动态演变之中。

第一，两条曲线反向平行，互为依托，并且螺旋上升，处于动态演进之中。制造企业技术标准化主导作用与复杂装备技术标准化之间存在相互依存、相互促进、互为目的及互为手段的耦合联动关系。

第二，制造企业参与技术标准化是其技术标准化主导作用曲线与复杂装备曲线间的核心传导机制与联动机制。这种传导与联动机制，具有耦合性。要明确两条曲线间这一传导机制，关键在于厘清制造企业参与标准化的方式，以及由此产生的路径。一般而言，企业参与标准化的具体方式包括：参加相关的标准技术委员会，并积极参加活动；提交包含有自主技术的标准提案；参与相关标准的制定等。最终的标准分为正式标准与事实标准。前者主要是由国家、地区或行业强制要求的，并由它们牵头来组织制定。在制定正式标准时，往往会选择在市场中有影响力的龙头企业、具有核心能力的供应商等参与。而后者主要是在产业发展过程中，由市场进行选择的、自发形成的一种标准。事实标准的形成与企业的市场份额和市场影响力相关。由于系统技术的整合者往往具有更强的技术标准化能力（邹思明，2015），因此复杂装备的事实标准制定更依赖于制造企业。制造企业对整个产品架构提出设计方案，很多接口或界面、技术标准也已在设计方案中明确，所以这个时候，只有符合该标准的供应商所提供的模块和零部件才可以被制造企业所采购，并纳入供应网络。在这种情况下，随着该产品在市场上的扩散，该标准也逐渐为整个行业所接受，从而形成事实标准。在这个过程中，制造企业的技术标准化主导能力也形成了。

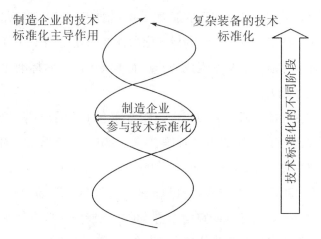

图 3.5 制造企业技术标准化主导能力形成双螺旋模型

三、制造企业技术标准化主导能力的内涵与刻画

1. 制造企业技术标准化主导能力的内涵

企业的技术标准化主导能力，是体现企业技术创新能力的一个隐性经济指标，二者可相互促进。一方面，拥有强大的技术创新能力有助于企业主导标准制定。原因在于，标准的制定往往要反映当前行业技术前沿，此时若具备足够的创新实力可为企业贡献"视野"优势，有助于企

业更为深入地认识该项技术的运行原理，并更为全面地掌握行业整体技术现状和发展趋势，增强该技术与互补技术间的适配性和可持续性；同时，坚实的技术创新基础还往往伴随着良好的品牌形象与产品质量，这些都增强了企业在该技术领域中的话语权和主导优势，因此为企业主导标准制定奠定了基础（林洲钰 等，2014）。另一方面，技术标准化主导能力的提升会进一步促进企业技术创新能力的积累。在标准制定中巩固的行业话语权有助于企业获得政府关注，从而得到更多的创新项目资金支持、政策扶持，并且标准制定中积累的技术能力、经验还有助于后续技术研发。

已有相关研究对技术标准化能力、标准化影响力、标准制定能力等有所探讨，本书中的技术标准化主导能力，与标准化影响力更为接近。传统意义上的技术标准化能力内涵广泛，考察的是在整个标准化过程中，使得标准化相关活动得以实现的能力。如孙耀吾等（2007）就指出 R&D 及其协作化、技术专利化、专利标准化和标准产业化四个环节的相关能力是技术标准化能力的基本组成部分。而本书中的技术标准化主导能力更侧重于主导能力。

企业的主导能力研究来源于动态能力理论（孙耀吾 等，2016），主要涉及的关键词有主导能力（孙耀吾 等，2016）、领导力、主导逻辑、技术主导（邹思明，2015；Suarez，2004；Kaa et al.，2011）、主导技术（苏清永 等，2017）、主导设计（Kaa et al.，2011；Brem et al.，2016）、核心企业主导等。在已有研究中，企业的主导能力一般有技术主导、制度主导、市场主导等几种具体的表现。邹思明（2015）认为，企业提高技术标准化能力的关键在于培养技术主导与技术协同能力，其中技术主导能力为技术标准化能力奠定基础。就技术标准化主导能力而言，技术主导相关能力更为关键。除了技术主导相关能力，制度主导、市场主导等也在企业技术标准化主导能力形成中发挥了重要作用。对于技术主导，Suarez（2004）提出了一个整合性的研究框架，指出影响因素主要有企业因素（如企业技术优势、互补资产和信誉、安装基础等）和环境因素（如法规、网络效应和转换成本、专有性机制等），并进一步指出各种因素的重要性会随着时间的变化而变化。在他的研究中，制度方面的因素（如法规、专有性机制等）和市场方面的因素（如网络效应、安装基础、信誉等）均被视为技术主导的影响因素。由此可以看出，无论是作用于技术主导，还是作用于技术标准化主导能力，制度和市场方面的优势都是企业积累技术标准化主导能力不可忽视的重要因素，只不过在技术标准化的不同阶段，其重要性会不断变化。总而言之，技术标准化主导能力概念的核心侧重于企业在技术、制度、市场等多个方面的"主导作用优势"。

产业技术标准化可能不是单个企业完成的，尤其是在高技术行业中，标准的制定牵涉多方生产、技术活动实践，关乎多方利益。依托标准联盟的形式，多个企业、科研院所共同参与，推动标准的形成。此时若能成为标准化的主导者，便有机会成为标准专利所有者，获得后续许可收益、占据产品开发先机、增强行业影响力和话语权等多种优势（邹思明 等，2017）。因此，增强在产业技术标准化过程中的主导作用、提升技术标准化主导能力，已成为企业的重要创新发展战略。由于技术标准化关系着复杂装备研发顺利实现与后续创新，而制造企业作为复杂装备研发和创新的核心负责人与主导者，因此，对制造企业而言，掌握标准化过程的话语权和主导优势，有助于保障制造企业在复杂装备整体开发和创新中主导作用的实现，进而确保系统整体开发的高效进行。基于此，研究制造企业的技术标准化主导能力具有理论研究与现实实践的双重必要性。

2. 制造企业技术标准化主导能力的刻画

制造企业的技术标准化主导能力是其主导能力的一种，是其在复杂装备产业技术标准化过程中的主导作用在能力层面的反映。制造企业的技术标准化主导能力，是指在复杂装备所在产业的技术标准化过程中，制造企业主导某项技术标准实现的能力。该能力主要考察的是制造企业在该技术标准形成中的主导优势和话语权。例如，系统概念设计时架构分解规则和设计参数的确立，发布零部件尺寸、技术性能采购要求，组织主要供应商、同类制造企业及科研结构共同商讨接口技术规范和关键技术标准的制定，牵头标准联盟的组建，将某项自有技术推广为产业中

的技术标准（江鸿 等，2019），或者将自身技术专利转变为标准必要专利等都是标准制定过程中制造企业话语权的体现，也是其技术标准化主导能力的微观反映。

第二节 制造企业技术标准化主导能力的测度与影响因素

一、制造企业技术标准化主导能力的测度

技术标准化主导能力的形成需要企业对整个行业的技术特征具有掌控力（谈媛嫡，2017）。制造企业作为复杂装备庞大产业中的核心和标杆，往往具备这种主导标准制定的天然优势（刘洋 等，2012）。制造企业具有良好的产业链技术协同能力，借助自身的技术优势与市场地位，易于协调配套企业；同时，合作伙伴众多、用户基础广泛，赋予了制造企业更强的谈判能力及技术标准化中的主导优势（谈媛嫡，2017）。

通过多次调研访谈，笔者发现技术标准的制定程序主要包括以下几个阶段：预备阶段、立项阶段、起草阶段、征求意见阶段、审查阶段、批准阶段、出版阶段（毕宁文，2017）。以标准《机车、动车组牵引电动机通风机组》（标准编号：TB/T 3358-2015）为例，在中国牵引电气设备与系统标准化技术委员会官网和中国标准信息公共服务平台获取的资料显示，该标准的起草单位为中国北车集团大连机车研究所有限公司、株洲联诚集团有限责任公司、南车株洲电力机车有限公司、中国北车集团大同电力机车有限责任公司、中国北车集团大连机车车辆有限公司、北京二七轨道交通装备有限责任公司、威海克莱特菲尔风机有限公司、大同市赛诚机车设备有限责任公司8家单位，由南车株洲电力机车研究所有限公司归口。2011年7月22日，全国牵引电气设备与系统标准化技术委员会向沈阳局、兰州局、西安局、北京局、郑州局、成都局、昆明局、武汉局总工室、上海铁路局机务处、广州铁路（集团）公司总工室、铁道部标准计量研究所、铁道部质量安全监督总站、中国铁道科学研究院、南车青岛四方机车车辆股份有限公司、南车株洲电力机车有限公司、南车株洲电机有限公司、南车资阳机车有限公司、南车威墅堰机车有限公司、长春轨道客车股份有限公司、中国北车集团大连机车研究所有限公司、中国北车集团大连机车车辆有限公司、中国北车集团大同

电力机车有限公司、唐山轨道客车有限责任公司、永济新时速电机电器有限责任公司、株洲联诚集团有限责任公司、西安西隆电气有限责任公司、大同市赛诚机车设备有限责任公司、威海克莱特菲尔风机有限公司、无锡市灵格灯具厂共计29个单位（其中22家单位为非起草单位）发送该项标准的征求意见稿。该标准最终被确立为行业技术标准，并于2015年7月2日发布，2016年1月1日实施。

可见，现实中标准发布实施到采用会经历这样一个流程：起草单位将标准起草完毕之后提交至标准委员会，然后标准化委员会将其以文件的形式下发，广泛征集行业中的意见，再经历若干其他环节，最终确立该项标准。其中，标准起草单位在影响标准的技术内容方面有很大的优势（邹思明 等，2017），如根据自身技术特点和现状，在标准起草稿中融入符合企业自身创新发展的技术内容和规范，将自身技术体系转化为标准，从而具有强大的话语权和主导优势（林洲钰 等，2014）。我们一般采用制造企业起草标准的次数来测量其技术标准化主导能力。

二、制造企业技术标准化主导能力的影响因素

关于制造企业技术标准化主导能力的影响因素，很多研究均有所涉及。但是针对这一问题，目前还没有形成一个统一的认知框架。由此，我们将运用内容分析法，探索制造企业技术标准化主导能力的影响因素，以期得出完整的、系统性的理论框架。挖掘复杂装备创新中制造企业技术标准化主导能力的影响因素，聚焦制造企业，打开复杂装备创新中标准制定的黑箱，寻找提高制造企业主导标准化能力的途径，对于促进复杂装备内部创新、开展标准化工作、技术集成，提升制造企业主导能力具有重要意义。

1. 内容分析法

内容分析法（content analysis）与扎根理论、元分析等研究方法类似，是一种越来越受到重视的质化研究方法，尤其在开发新理论、整合现有理论研究方法方面发挥着重要的作用。内容分析法与扎根理论有类似之处，但是也有区别。扎根理论建构中的质化编码不等同于内容分析，典型的内容分析是将数据分成预先确定的类别，偏向于理论检验（陈晓萍 等，2018）。内容分析对文本中的信息进行分析，是一种将质化数据

量化的过程，被视为对客观、系统、定量描述明示的信息内容的一种研究技术。

内容分析法是一种实行研究法，其核心逻辑在于运用一套程序对信息分门别类，从而发掘出有效的推论（颜士梅，2008）。内容分析主要由研究问题的提出、数据的搜集与筛选、编码、结果分析等步骤组成（吕欣烨，2018）。应用内容分析一般遵循以下流程：确定研究目标，搜集相关资料、确定分析单元、抽样和编码、数据分析、信度分析、结果阐述。

内容分析法最早被使用于世界大战期间的新闻界，后来，伴随着计算机技术的发展，其广泛吸收了信息论、符号学、统计学、语义学等学科的知识，应用范围逐渐扩展到社会学、管理学、传播学、政治学、心理学等领域（颜士梅，2008）。20世纪80年代以来，内容分析法在管理学领域愈加受到重视，主要应用于创业研究、人力资源管理、组织研究与战略管理等（颜士梅，2008）。沈冬薇等（2009）以10家典型企业的调研及17家企业访谈素材为样本，运用内容分析法，对创业决策的影响因素进行了研究。黄萃（2011）从政策工具视角，运用内容分析法对中国风能政策文本进行了量化研究，通过样本选择、制定分析框架、定义分析单元、统计分析等步骤，探讨了中国风能政策在政策工具的选择、组织及建构中存在的过溢、缺失与冲突问题。姜鑫（2018）利用词频分析法与内容分析法，基于 Web of Science 数据库，对国际图书情报领域的"科学数据"研究进展进行了梳理。与之类似，马续补等（2019）也基于政策工具视角，运用内容分析法，从供给型、环境型、需求型三种政策工具类型出发，分析了来自中国国家层面的公共信息资源开放政策，总结出目前面临的诸如政策工具使用不均衡、政策工具内部不协调与财政支持薄弱等问题。Narayanan 等（2012）基于一种元理论方案，分别以决定导向—自愿导向，微观层次—宏观层次为 X、Y 轴，提出了系统结构化视角、战略选择视角、自然选择视角及集体行为视角四个分析视角，对89篇技术标准相关文献进行了分析，试图促进标准研究的各个研究流派之间的对话。

由于对企业技术标准化的研究已形成了大量的研究成果，学者们在分析过程中对标准化问题的理解也投射在了研究文本中，形成了权威的、有价值的资料，因此，我们要想获得制造企业技术标准化主导能力的影响因素，可以由这些文本资料切入，运用内容分析法进行文本分析，对各种影响因素进行归纳总结，从而形成完整的、系统的认知框架，获得准确、受到认可的研究结果。

2. 研究设计

根据研究问题，并参考马续补等（2019）的研究，笔者确立了以下分析流程。首先，确定资料来源并进行类目设计。其次，抽样和编码。再次，进行数据分析。最后，得出研究结论。具体研究流程如图3.6所示。

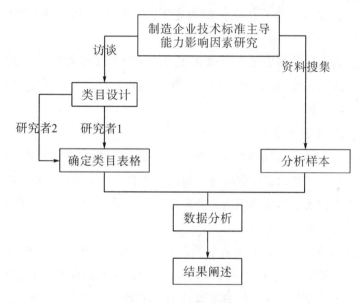

图 3.6　内容分析流程

3. 样本采集及类目设计

为了能全面地了解影响制造企业标准化主导能力的因素，笔者从相关、英文权威期刊文献中采集数据。首先，笔者在第一章中对技术标准化研究进行了文献分析，对当时所获得的 141 篇英文文献进行筛选，从中获得 86 篇文献，并进一步增补 7 篇 2016 年的重要英文文献，获得 93 篇重要的 SSCI 文献，以此作为内容分析的一部分。其次，以"标准化""标准形成""标准制定""标准设定""主导设计形成""标准化能力""标准化影响力"为主题词，搜索 2001—2016 年在 CSSCI 管理学相关期刊上发表的中文文献，得到 314 篇文献。经过筛选后，得到 227 篇与主题高度相关的中文文献。合计获得分析样本，并且以每一篇文献作为一个分析单元。

类目是根据研究假设需要，把资料内容进行分类的项目。为了使类目确定更加接近企业管理实践，并且使影响因素的各个方面不产生遗漏，笔者在类目设计之前，以"标准化为主题"，对来自 3 家复杂装备制造企业的研发人员、管理者进行了访谈，获得 3 份研究样本。访谈主要包括以下几个问题：贵公司运作过程中是否涉及标准化？贵公司在标准制定方面实施了哪些战略、计划？贵公司目前的标准化工作在行业中处于何种水平？你认为贵公司在标准制定上具备哪些优势？存在哪些不足之处？

根据访谈，总结出技术标准化主导能力影响因素可能涉及的类别，即资源、战略、能力、环境。由此，确定类目表格，并在此基础上进行编码和类目分析。

4. 编码及数据分析

参考马续补等（2019）的分析法，在内容分析之前，使用 Excel 软件对上述共计 320 篇文本资料进行编码，获取各个文本资料的文本编号，根据上述类目表进行初步编码，获取技术标准化主导能力影响因素的关键文本信息，如表 3.4 所示。

完成初始编码之后，笔者对所获得的关键文本进一步整理与分析。参考吕一博等的研究（2014），归纳出该分析单元的典型关系结构，并提取出在该关系结构中，解释变量所对应的范畴。如表 3.5 所示，笔者从表 3.4 中提取关键信息，总结出在标准化影响因素研究中主要存在以下三类典型关系结构：第一类，网络位置、网络结构特征、网络关系、技术基础等对标准化的影响；第二类，吸收能力、知识集成、知识共享等如何影响标准化；第三类，知识产权政策、技术复杂程度；环境动荡性、多样化技术、政府政策、网络效应、用户基础等如何影响标准制定。进一步对这三类影响因素进行归纳，发现其主要对应以下几个范畴：合作网络、外部社会资本、知识基础；知识重组、知识整合；技术环境、市场环境。

表 3.4　初始编码示例——影响因素关键信息提取

类目 文献	资源	战略	能力	环境
张运生、 倪珊珊 (2016)	专利技术；专用性研发资源；必要专利	技术开发；吸引中下游企业参与技术标准；建立专利联盟；推广技术标准；汇聚企业成员互补资源；制定的市场推广策略	研发能力	市场策略；用户接受程度；用户规模；转换成本；产品技术丰裕度
曾德明、 戴海闻、 张裕中 (2016)	网络结构；网络密度；可达效率；资源禀赋；制度关系资本；商业关系资本；外部资源获取；网络资源；制度资源	商业合作伙伴提供互补产品；作为支持基础	各类资源整合与协同；获取关系租金的能力；牵头起草标准的次数	标准的市场表现；政府采购；政策支持；企业标准活动年期；企业专利活动年期
王颂、 杨惠馨、 王军 (2015)	研发投入强度；外部知识	建立标准联盟；技术创新；功能完善	对成员企业的控制力；高整合技术储备、开发能力；合成兼容新标准；技术支配力；技术吸收能力	—
侯俊军、 白杨 (2015)	技术优势；资金投入；人员投入；沟通与合作	—	准确获取市场消费需求的能力	技术的不确定性；技术的复杂性；专用性损失；技术经济部市场失灵；标准的公共物品属性；技术标准制定、修订领域相关人员的流动；政府激励政策

类目 文献	资源	战略	能力	环境
陶忠元、夏婧（2015）	先进核心技术创新成果；研发投入；知识；网络	—	技术创新能力	—
曾德明、邹思明、张运生（2015）	技术知识；社会资本；组织间网络；网络位置；技术多元化；广泛的知识基础；了解背景知识和互补知识；组织间知识共享；多样化知识重组；整合各种技术知识；已有技术基础；企业技术种类	与互补配套品供应商的协同创新；准确把握产业发展动态；准确把握技术发展趋势；知识转移；知识分享；吸引互补配套品生产者参与协作研发；技术整合；提供给兼容性框架	已有能力范围；对异质知识的理解力；吸收能力；系统集成能力	知识产权；兼容性；网络效应；网络外部性；技术和锁定效应；技术新颖性；与其他系统的兼容性；互补配套品的丰裕程度；企业许可策略
Bekkers, Iversen, Blind （2012）	—	专利许可战略	成功地整合现有研发成果	知识产权政策

类目 文献	资源	战略	能力	环境
高俊光 （2012）	技术；核心技术；高附加值产品；跨企业、行业甚至国家边界的资源；涉及技术体系、经济体制和规制体系等不同领域的多重参与者；网络效应；关键技术信息；关键工艺流程；公司在网络中的地位	R&D 能力；R&D 强度；创新速度；规制主体的能力	经济、规制；迅速变换的环境；技术进步；市场/社会需求；技术范式；技术轨道；技术转移成本；交易成本；法律制；知识产权；标准的市场需求；政府政策支持力度；政府资金支持力度；专利保护强度；一般法律条件	—
SOH （2010）	网络类型；中心位置；个体网络密度；联盟网络特性；重复的合作伙伴；研发投入	在技术社区中广泛地获取和共享知识的战略与意图	—	—
李玉剑， 宣国良 （2005）	专利技术	专利战略	研发能力	知识产权保护

表 3.5   进一步编码表——影响因素总结

典型关系结构	影响因素涉及的相关范畴
网络位置→标准制定；网络结构特征→标准化；企业外部关系→标准化；技术基础→标准化；等等	合作网络；外部社会资本；知识基础
吸收能力→标准化；知识集成→标准化；知识共享→标准化；等等	知识重组；知识整合
知识产权政策→标准化；技术复杂程度→标准化；环境动荡性→标准化；多样化技术→标准化；政府政策→标准化；网络效应→标准化；用户基础→标准化；等等	技术环境；市场环境

5. 影响因素提取结果

复杂装备的创新是一个跨学科、跨组织边界的知识获取、共享、整合及创造的过程（陈占夺 等，2007）。而主导标准制定是复杂装备创新的一个重要组成部分，也是企业综合能力的集中体现，因而对企业的资源、能力、环境等各方面都具更高的要求（林洲钰 等，2014）。通过内容分析，笔者发现，合作网络、外部社会资本、知识基础、知识重组、知识整合、技术环境、市场环境等几大因素在制造企业的技术标准化主导能力的形成中扮演了至关重要的角色。

（1）创新网络是制造企业技术标准化重要的知识源

参与复杂装备的企业以企业集群的形式而存在。有研究认为，在企业集群中，企业间建立较为紧密的网络关系、形成稳定的网络结构，易于实现新知识与新技术的综合集成，基于跨组织的协同合作，有助于形成企业集群核心竞争力，从而提高组织整体创新绩效（侯光文 等，2016）。合作创新网络表现出较强的环境适应性与市场竞争优势（盛革，2013），是企业重要的外部知识来源。在大多数情况下，技术变革速度加快、高技术所蕴含的复杂性，都决定了企业无法独立完成技术开发，因此，合作创新网络成为企业共享、学习外部技术知识、合作研发的重要渠道。创新网络的形成主要依托于信息技术的高速发展，企业基于契约、员工间私人关系、合作项目等方式与其他企业、政府、银行等其他组织建立合作连接，集聚企业内外部创新资源，从而实现网络式集成创新（张宝建 等，2011）。合作创新网络是以合作创新为目的、以知识共享为基础，跨企业边界的一种制度安排。这种介于企业层次和产业层次之间的准市场组织模式，具有松散耦合的特性，一方面缓解了企业组织刚性所带来的路径依赖给组织变革和能力更新等带来的消极影响，另一方面也弥补了市场机制多变的劣势，有利于形成高效的柔性资源配置路径（袁信 等，2007）。合作创新网络的形式多样，现实中标准联盟网络、科技产业园区、产业联盟、产学研联盟等都是企业与外界合作的方式。比如，位于湖南省株洲市的"中国动力谷"是国内最大的覆盖产品开发、生产制造及售后服务的轨道交通产业集群①。

企业如何根据产业技术标准化的资源要求，组合各类资源、形成资源系统整体功能、实现产业资源集成性，是企业的产业技术标准化能力的一个维度（王珊珊 等，2013）。高技术复杂产品的技术综合性和集成性为企业开展标准化和产品创新带来障碍，使得企业易受到单一知识资源的限制，无法兼顾多领域核心竞争力的培育。因此，跨企业边界的创新网络就成为企业获取产品创新资源、提升技术标准化能力的首选（文金艳，2019）。企业可以通过结盟与合作形成利益共同体从而获得资源。网络资源等社会资本促进了企业与外部知识源之间的知识交流互动，有利于知识吸收、知识整合及知识再造（邹思明，2015）。张运生 等（2015）也指出，结盟实力是除了技术实力、用户吸引能力这两种能力之外的，高科技企业技术标准竞争优势的来源之一。对企业来说，要想获得技术标准化主导优势，就必须要加强网络合作，并且其在网络中的表现至关重要。

第一，复杂装备的技术标准化是复杂装备内部的一种创新活动，是多种资源要素的综合，多主体共同作用的结果（冉龙 等，2013）。网络成员间知识基础的多样化及知识结构的互补性是企业开展合作创新的动机所在，而长期合作形成的稳定的网络则为复杂的创新过程奠定了基础（刘芳，2012）。企业技术创新离不开企业内外部技术资源的互动，互动

---

① 每日经济新闻，http://finance.sina.com.cn/roll/2016-12-01/doc-ifxyicnf1225076.shtml，访问时期：2022年12月5日。

频率、密度和质量都极大地影响着创新的潜力（张利飞 等，2014）。冉龙等（2013）指出，复杂装备的创新是企业的网络能力、创新结构及创新模式三者协同演化而成的。企业一方面运用自身的网络能力识别、选择合作伙伴；另一方面，管理并利用与这些伙伴关系的网络能力，形成以企业、科研院所为核心元素，以政府、中介机构为辅助元素的多主体协同创新网络结构（冉龙 等，2013；陈劲 等，2011）。合作网络之于复杂装备，是与生俱来的。复杂装备本身就具有网络特性，制造企业、供应商、承包商、客户、政府、研究机构等在产业链、技术链上充分合作，展开跨组织的知识交流，形成非平衡的网络。其中，模块化生产为这种复杂装备的网络合作提供了更多的可能性。规则设计者（通常由集成商承担）通过将产品系统进行模块化分解，使得复杂装备的生产制造形成了在模块集成的框架下，以模块化的产品为主线、系统集成商为核心、模块供应商发展为核心专长，以集成商、供应商、用户为基本构成单元的模块化制造网络（尹建华 等，2008）。

第二，随着技术的不断变革，复杂技术应用范围的增加，技术标准化活动中所涉及的高端技术、专利技术的增加，要形成一个普遍兼容的标准框架，要求的技术领域就越来越多，技术难度也会越来越大。网络合作产生的资源聚集，可以缓解企业独立研发的技术瓶颈。复杂装备由于其高技术特性，对产品模块间的互补性、对技术的兼容性要求不断增加，所以制造企业必须高度重视与供应商间的互补，主要配套技术间的兼容匹配。当合作创新网络成员多样化程度较高的时候，成员间的知识异质性与互补性为创新知识组合提供了更多的可能性，促进了新的创意与想法的产生。这种知识互补性越高，越有助于减少知识冗余，并在知识传递过程中衍生出新的资源，为企业带来更多的异质性创新资源（刘芳，2012；李志刚 等，2007）。因此，网络化的合作、联盟等形式就成为重要的组织模式。例如，协作研发网络、标准发展联盟等成为企业打造创新生态系统、推动合作创新的实现方式。另外，正式的标准制定是意见的统一及研发竞争相结合的过程，极具挑战性，因此组建联盟成为企业在标准制定前常见的战略行为（Baron et al.，2014）。

第三，知识资源的获取是创新的前提与基础，知识资源的短缺是制约复杂装备创新的关键因素（陈伟 等，2013）。复杂装备技术标准化的技术复杂性，以及模块内部标准与系统标准间的适配性、统一性等，赋予了制造企业在吸收、整合、利用、共享知识时的跨学科、多组织、多任务特性。此时，制造企业与网络中的合资企业、科研机构、高等院校、政府部门进行合作并保持强连接关系，有助于企业间相互信任、增加认同感，尤其可促进网络内企业间的知识流动和共享（吕一博 等，2014）。例如，大机车与美国里卡多公司、美国西南研究院、英国曼恩公司、美国易安迪公司建立合作关系，通过引进技术、互派人员学习等，形成了共同的编码和价值关系，促进了大机车对知识的消化吸收和应用（吕一博 等，2014）。

网络有助于市场资源在企业间的优化配置，是企业能力积累的有效路径。合作创新网络是企业获取外部资源的重要载体，企业所嵌入的网络其实是一种外部社会资本，而网络的结构特征、所处位置、所蕴含的各类关系，都影响着企业的知识、信息等资源获取。冉龙等（2013）指出，网络能力（包括关系管理能力、配置管理能力两个维度）是复杂装备创新的关键。网络能力内涵具有层次性：从网络整体来看，网络能力是指位于不同的网络位置的企业改善自身站位、调节网络结构密度，以适应网络结构要求的能力；从企业层次来看，网络能力是企业处理各种网络关系的能力。由此可见，网络位置、网络关系等合作网络元素之于复杂装备创新十分关键。企业如何谋求有利的网络位置，网络如何平衡内部节点间的利益，是研究者与实践者都迫切需要关注的问题（Park et al.，2015）。比如，文金艳（2019）指出，标准联盟网络资源特征会影响企业的创新和标准化。一方面，标准联盟网络拓展了知识流动空间，有利于企业获取稀缺的、有价值的资源；另一方面，获取网络资源时的不确定性，也在一定程度上限制和约束着企业在网络中的行为。林洲钰等（2014）从网络关系视角，指出政治关系为企业向政府表达利益诉求和进行公关活动提供了更多的平台和渠道资源，使企业更易取得政府的支持。曾德明等（2016）指出，企业可通过构建技术标准联盟获取技术

优势及市场优势，这有利于企业提出标准立项申请，参与标准草案撰写，实现对标准指定的影响。他们还考虑了企业关系资本、结构资本两类社会资本对企业标准制定的影响。Soh（2010）实证分析了在定义主导设计的过程中，网络中心位置与企业个体网络密度、拥有重复连接的合作伙伴的数量，以及研发投入的水平这三个因素的交互作用，对企业创新绩效产生的影响；并指出了中心企业是网络中的信息门户，在定义主导设计的竞赛中，中心企业可以通过与战略伙伴建立联系来影响标准化过程。高俊光（2012）也同样从网络位置视角，指出公司在网络中的地位会影响其技术标准化策略，如果公司网络地位较高，相关网络规制就会向其倾斜，进而有助于该公司的标准建立。

（2）知识整合是企业资源到标准化的中间机制

通过对标准化研究的分析，可以发现知识整合是一个重要的影响因素，这与芮明杰等（2006）的研究不谋而合。他们认为，标准的形成会经历企业将外部知识源与企业内部知识进行整合这样一个过程，因此，提升知识整合能力是企业通过网络资源积累技术标准化主导能力的重要中间关口。在以模块化分工为依托的网络状产业链中，知识是最主要的关联因素（张琰，2008）。从复杂装备创新视角来看，创新过程的跨组织、跨学科特性，意味着多学科知识的集成、整合、共享及融合（吕一博 等，2014；刘航，2012），因此鉴于标准化所要求的知识综合性，知识整合是影响制造企业主导标准化的关键且必要环节。李海舰等（2007）指出，通过制定适当的任务结构与"界面规则"，确定模块的规模、功能，在实现各功能模块链接的基础上完成网络价值流的虚拟整合，并实现网络资源的实体整合是系统集成商所面临的重要任务。

技术集成是复杂装备制造企业的核心任务，而完成技术集成、实现模块产品组装最需要的是制造企业的知识集成、知识重组、知识整合的能力。知识集成、知识重组、知识整合三者在概念上类似，都有将知识元素进行组合的意思，但还是存在一定的区别。知识集成与技术集成密切相关，偏向于在分析产品市场特性的基础上，结合企业现有技术储备，将学习、引进的各项技术知识在产品中高度融合，在短时间内进行产品开发，获得市场占有率（陈占夺 等，2007），其强调知识元素组合之后形成的产品的整体性、系统性。知识重组是指重组现有技术以产生技术创新，主要有再利用式重组与创造式重组两种模式。再利用式重组要求企业通过精炼和提升已知技术组合来发现这些组合可以应用的新环境，是一种"能力深化"活动。创造式重组是一种"能力拓展"活动，在于通过实验，使得技术间未探索的依赖关系变得有意义。通过创造式重组，企业可以获得大范围的技术组合（Carnabuci et al.，2013）。知识整合主要倾向于在企业内部知识基础上吸收外部知识并进行整合（孙耀吾 等，2012）。Cassiman 等 （2006） 的研究认为，企业对内外部知识源的整合是企业竞争优势的一个重要来源。总体而言，知识整合较知识集成、知识重组的范围更宽泛，是企业重要的知识治理手段，知识整合与知识组合配置是企业技术创新的重要活动（徐露允 等，2019）。

知识整合是一个复杂过程，其本质在于运用科学的方法，挖掘企业内各种可能的知识源，以及它们之间的相互关联；并对来自不同知识源、层次、结构及内容的知识进行综合、集成，通过再建构，形成新的结构化知识，实现新知识体系的建立（任皓 等，2002）。复杂装备制造企业的知识整合相比于一般的供应商，更为系统创新所需，同时也是一个更为复杂的，对多方资源集聚、对各种知识元素调和的过程。众所周知，创新通常来自各种知识元素的重组和整合，尤其是互补性知识资源越多，创新越可能成功（Kogut et al.，1992；Leiponen et al.，2010）。在模块化生产方式之下，如何将来自各个模块供应商的互补知识有效整合起来，转化为系统性的知识，是制造企业需要解决的核心问题之一。

制造企业主导标准制定，主要遵循以下路径：制造企业将所获取的外部知识资源与企业内部知识基础进行整合，将外部知识内部化，形成对多个技术领域的系统性认识，促进标准所需要的知识框架的形成。网络聚集了各类企业的知识、能力等互补优势资源，确保了模块间的兼容匹配，为制造企业整合内外部资源形成技术标准提供了更多的技术解决方案，这些都有助于制造企业在标准制定中占据主导地位。随着技术的快速发展，技术融合趋势日趋明显，跨界创新、交叉学科研究等现象在

科技生活中占据越来越重要的位置。无论是学术研究者，还是实践领域的创新领袖、专家等，都逐渐认识到技术创新往往不是单单依靠某一学科知识就能实现的，归属于某个领域的技术问题也要凭借多方知识才能解决（任皓 等，2002），而这一点在复杂装备创新中更为突出。技术标准化是创新的一种，目的在于对产品和服务特性进行统一规范，这往往需要多个主体的参与（Naraynan et al.，2012）。网络合作促使资源在网络主体间流动，网络中的主体彼此分享的经验、客户的需求逐渐转化的信息知识，都使得模块间的各种联系方案不断丰富。而企业经过系统整合与优化，最终将模块间的联系规则、设计规范确定下来，形成标准（芮明杰 等，2006），同时也彰显出在标准制定中的主导优势。由此可见，知识整合是网络资源到标准化实现的重要渠道和中介因素。

一方面，制造企业所获取的网络资源总量、类型会对其知识整合产生影响，不利于企业知识整合能力的形成。复杂装备创新过程的复杂性促使制造企业与零部件、互补配套技术开发商频繁交换各种技术知识（张利飞 等，2014），以巩固自身在系统集成时的能力和主导作用。企业可以通过获取大量知识资源来增加创新的可能性（Leiponen et al.，2010），而知识资源的获取、合作对象的选择以及技术合作开发等都依赖于各方良好关系网络的构建（刘芳，2012），因此，企业知识整合的水平和能力很大程度上受到其从合作网络获取的网络资源的影响。这些实际的、潜在的网络资源嵌入不同形式的网络结构，在网络主体间的关系中流动、扩散和转移。合作各方通过访谈、调研、协商、面谈等方式了解彼此的技术需求，而技术互动的频率、信任程度的深浅、关系质量的高低都会影响知识的流动和转移，进而影响知识整合的效果（刘芳，2012）。

另一方面，拥有不同的知识整合能力，运用不同的知识整合及知识配置策略，使企业的创新能力及创新决策表现出差异（徐露允 等，2019），也会影响制造企业技术标准制定主导能力的形成。创新资源的交换、整合已成为企业创新的价值源泉（蒋旭灿 等，2011）。知识整合的关键在于探索不同技术领域中知识元素间的关系，有规划地将知识组

创新网络位置对技术标准化主导能力影响实证研究

——基于中国复杂装备制造业

合进行配置，挖掘出更多的可能性组合（徐露允 等，2019），使得企业从外部获取的知识在企业间共享、交互并转化为企业内部的隐性知识，最终整合为企业内部新的显性知识（吕一博 等，2014）。通过这个过程，企业可以增强自身技术优势、话语权。余长春等（2016）从技术形态集成、组织形态集成、知识形态集成三个方面考察了制造模块化与服务模块化间的差异。

（3）技术环境是重要的权变因素

技术变革、资源争夺以及竞争加剧等原因使得企业所面临的环境越来越多变（蒋旭灿 等，2011）。企业内部技术的复杂性、多样性，外部环境的动荡性、知识产权保护的程度等都为企业的标准化带来知识管理上的挑战。正如大多数战略管理和创新管理研究者所认为的，知识受到所在环境的影响（任皓 等，2002），企业的技术标准化战略自然也离不开对动态的、复杂的技术与市场等环境形态的应对。环境因素内涵广泛，种类繁多，各种特征交错影响。学者们在研究中经常基于技术环境、市场环境、制度环境、竞争环境、社会环境等，结合研究对象的特征和背景，选取重点关注的展开研究（蒋旭灿 等，2011；高宇 等，2010）。

高度复杂的创新往往跨越多个技术领域，在新技术、新产品不断涌现、竞争对手的行为越来越难以预测的动荡环境中（蒋旭灿 等，2011），创新资源的流动、知识的共享为企业独立研发无法完成的复杂技术贡献了可选方案。但是，当核心技术、技术诀窍的价值越来越无法估量并受到认可时，日益严峻的知识产权问题又成为企业面临的难题。

环境因素可能成为企业发展的障碍，也可能为企业提供新的价值点。高宇等（2010）就指出，动态性较强的转型经济环境，有助于促进领先的技术和产品成为企业长期竞争优势的来源。如何克服复杂多变的环境带来的不利影响，因地制宜地利用技术环境态势，合理规划自身知识资源，挖掘出企业标准化的有效路径，是我们分析技术环境的最终目标。

根据前文的内容分析，我们发现，影响制造企业技术标准化主导能力的环境因素较多，而技术多样性、技术复杂性、技术动荡性，以及制造企业所在区域的知识产权保护强度是在标准化研究中需要重点考虑的

环境因素，也是与制造商个体特征密切相关的因素。

第一，技术多样性。复杂装备多是跨学科的综合性产品，并且包含较高技术含量（桂彬旺，2006）。复杂装备的研发是多学科知识集成的结果，其涉及的技术含量高、类别多，能否成功开发直接关系到内嵌在复杂装备各个模块的技术在其他领域的应用（李春田，2015）。由于这种模块间技术扩散的速度远快于通常的产品创新，会影响整个产业链的技术升级速度和国家竞争力的提升，因此在复杂装备研发管理中更需要对跨学科特性、技术多样性进行应对和管理（李春田，2015）。另外，复杂装备涉及的技术种类越多，系统越趋于复杂，从而也增加了系统整体创新的难度。

对制造企业来讲，复杂装备的研发设计具有跨学科、跨技术领域的特性，一方面对制造企业的技术多样性有较高的要求，另一方面通过研发项目也能进一步促进其技术多样化。技术是知识的集合体（Wang et al.，2000），技术标准化是将企业外部知识与内部知识进行整合，而整合方向、效果均会受到企业自身技术领域的引导和限制（Yayavaram et al.，2015）。不同的制造企业间技术多样性程度也存在差异。正因为如此，我们在分析标准化主导能力形成的时候，不能忽略技术多样性这个环境因素。企业的创新过程受到所在技术环境的影响，企业的技术环境对企业从知识重组中的获益具有决定性作用（Yayavaram et al.，2015）。知识吸收和知识整合的效率，直接关系到系统性技术标准知识架构的制定。由此，笔者在梳理网络资源到标准形成这条研究路径的时候，才要重点分析技术多样性的权变作用。

第二，技术复杂性。复杂性贯穿于复杂装备研发的各个环节，会影响复杂产品的架构、模块创新及模块间的协调管理等一系列活动（Narayanan et al.，2012；Shenhar et al.，2016；周永庆 等，2004；Sun et al.，2020）。复杂性是复杂装备的典型特征，主要表现为技术的复杂性、项目组织的复杂性、产品的复杂性等。其中，技术的复杂性尤为突出，是复杂装备一切复杂性的根源。值得注意的是，尽管有部分学者认为，技术复杂性与技术多样性存在某种程度上的相关性，但是在本书中笔者认为，技术复杂性偏向于技术领域间相互依赖的程度（Yayavaram et al.，2015；Sun et al.，2020），而技术的多样性偏向于跨技术领域的种类数量。复杂，无论是产品的复杂性、组织的复杂性，还是项目管理的复杂性等，都与技术的复杂性紧密相关。技术复杂性是复杂装备创新过程中必然面临的问题，尤其在系统集成阶段更为突出。例如，在制造企业集成阶段所应用的反馈技术和反复试错技术都具有复杂性的特征，将反复实验出现的错误问题反馈到各模块开发组织予以解决，从而确保系统整体的稳定运行（Yayavaram et al.，2015）。

技术复杂性无疑是一个关键的环境因素。从静态视角来看，一般而言，技术越复杂就越难将其标准化。首先，技术复杂性水平越高，技术知识可编码性就越低，吸收难度也会增加（吴爱华 等，2014）；制造企业和供应商相互依赖程度越高，知识领域间的多重影响就越多，会带来技术知识价值识别问题和技术知识的沟通问题（杨燕，2012）。其次，技术复杂性水平越高，制造企业越难理解异质性知识和自身知识基础间的多重关系，对必需的、有价值的知识判断难度增加，组织学习难度加大，难以有效吸收、转化从其他企业扩散来的知识，知识整合的效果也难以预测；制造企业在需要更全面能力的同时，也会产生更高昂的学习成本和组织成本（樊霞 等，2012），从而面临巨大的风险。张利飞等（2014）指出，外部零部件的技术复杂程度，对制造企业实施集成创新所需的企业内部研发基础及内外部知识整合能力要求很高。由此，在兼容性技术标准制定过程中，制造企业知识吸收和知识整合的效率降低，不利于系统性技术标准知识架构的制定。然而，越复杂的技术环境，越依赖于标准化手段来减轻复杂装备开发的复杂性（贺俊 等，2018）。在复杂性程度高的行业中，获取外部资源对企业创新也更为有效。另外，企业在克服复杂技术的动态过程中，根据"干中学"理论所积累的知识管理经验、水平，可能会对提升企业的技术标准化相关能力有促进作用。因此，技术复杂性在技术标准化工作中具有正反双面性作用，是重要的环境因素（张利飞 等，2014）。因此，技术复杂性这个环境变量需要深入探讨。

复杂装备的技术复杂性，直接体现为制造企业知识基础的技术复杂性，其水平高低会直接影响制造企业对内外部知识领域关系的理解和知识整合行为。制造企业的技术复杂性较高，表明其拥有更复杂的技术知识结构。有研究表明，企业知识结构越复杂、创新速度越快，越易对知识领域间依赖关系的系统层面进行理解，从而更快地响应组件和子系统的变换（Wadhwa et al.，2017）。组件和子系统的变化常伴随着复杂装备技术标准的升级和更迭。可见，制造企业的技术复杂性水平与企业的技术标准化战略关系紧密（Sun et al. 2020）。尤其是在分析从外部获取资源促进制造企业技术标准化主导能力时，需要重点考虑制造企业技术复杂性这个环境因素。

第三，知识产权保护强度。标准化是企业的一种创新过程，标准是创新的成果，技术创新成果为制定技术标准奠定了知识基础和技术构架（陶忠元 等，2015）。而创新成果离不开知识产权政策的保护（李龙一等，2009）。企业的知识产权策略以及所处的知识产权保护环境，都对企业的创新具有不可忽视的影响。例如，Cusumano 等（2002）认为，知识产权与技术设计是平台企业获取主导地位的重要战略因素。

技术标准创新活动的复杂性水平高，涉及越来越多的专利纠纷和知识产权事务（吴菲菲 等，2019）。技术标准本身集成大量本领域的核心技术与核心专利，在标准的采用中，不可避免地会涉及专利技术的使用，如何实施合理的知识产权政策来保证创新企业对技术专利的独占性、对专利权人和标准专利使用者间的利益进行平衡、对两者矛盾进行调和，是标准化面临的重要问题（张平 等，2002）。创新技术与知识产权相结合，使得创新成果变成受法律保护的核心资源，可最大限度地释放市场控制力（张远生 等，2015），这些都是企业创新成果寻求知识产权政策保护的缘由所在。当创新成果和产权能够获得更好的法律和制度保护的时候，创新成果被模仿和被侵权的风险降低，技术活动的独有性增加，从而提升了企业技术创新活动的市场价值（林洲钰 等，2014）。知识产权保护意识的强化及知识产权体系的完善，越发推动专利成为保护技术创新成果的重要方式（徐露允 等，2019）。

技术标准与知识产权的融合，强化了创新成果的权利保护和利益保障，但也对知识保护环境提出了更高的要求。在某一特定技术领域制定成功标准的可能"必不可少"的技术解决方案往往包括在知识产权范围内。尤其是在复杂技术系统领域，如何寻找方法来应对技术标准所涉及的必要专利可能引发的知识产权争端，成为企业面临的日益严峻的挑战（Bekkers et al.，2012）。因此，在标准化研究过程中，结合所在的知识产权保护环境，是有必要的。

第四，技术动荡性。在创新研究中，环境动荡性是较多被讨论的变量。在对标准化影响因素的内容分析过程中，笔者同样发现，环境动荡性是受到学者们较多关注的一种环境因素。对于环境动荡性通常包括技术动荡性和市场动荡性（蒋旭灿 等，2011；Wang et al.，2010；陈立勇 等，2016）。而我们在关注技术环境的时候，更多地关注其技术动荡性。技术动荡性常与一个行业的技术成果的不可预测性相联系，反映企业在成长阶段面临的技术环境变化程度，如技术更迭速度和不确定性等（陶秋燕 等，2017）。有学者认为，在技术动荡性水平高的环境中，对于突破性技术何时出现难以用公式去计算（Wang et al.，2010）。动荡的外部技术环境给市场不断带来新的技术和产品，也带来顾客需求的快速变化及竞争对手行为的不可预测性，增加了企业获利的不确定性（高宇 等，2010）。高宇等（2010）指出，目前国内市场技术环境呈现出以市场环境复杂、外部技术多变为主要表现的不确定性。一方面，市场交易环境变化不可预测；另一方面，企业竞争对手在生产、服务、研发活动上快速改变。他们还指出，外部技术环境的动荡性是影响企业创新行为的重要因素。技术动荡性水平越高，产品更新速度越快，不确定性水平越高，此时，不确定性的技术环境迫使企业加强合作与强化资源整合（陈立勇 等，2016）。动荡的技术环境会影响技术资源的获取和转化（Song et al.，2010），由此可见，技术动荡性在一定程度上影响企业的资源配置、知识整合行为。因此，在网络资源影响标准制定的研究中，考虑动荡的技术环境是有必要的。

三、实证研究的概念模型

技术标准化的实现主要有两条路径：一是通过市场机制的竞争选择

而获取的事实技术标准；二是企业及标准委员会基于市场、产业及企业三者间的关系，在协商一致的兼容的基础上实现正式的技术标准制定（胡立军 等，2016）。但是无论基于哪一条路径，都离不开企业自身所拥有的资源、能力及其所处的环境。

具体而言，鉴于复杂装备产业技术标准所具有的高技术、复杂性、知识综合性等特点，凭借企业自身独立研发，难以增加技术优势。此时，外部合作网络成为制造企业获取外部知识资源的主要来源。而在将外部知识资源内部化的过程中，又离不开知识整合等中间机制。另外，制造企业实施复杂技术创新、开展合作都存在于复杂的、多样化的、动荡的、知识保护力度不尽相同的技术环境中。

因此，本书聚焦于外部社会资本，试图在复杂装备技术标准化背景下，系统而深入地分析网络位置对制造企业技术标准化主导能力的影响，并进一步探索内部技术环境因素（即技术多样性与技术复杂性）与外部技术环境因素（即技术动荡性与知识产权保护强度）的调节作用。笔者结合知识整合机制展开分析，梳理主效应的影响路径，并将基于实证研究的概念模型（如图 3.7 所示），进一步进行理论推演，提出研究假设，进行实证分析。

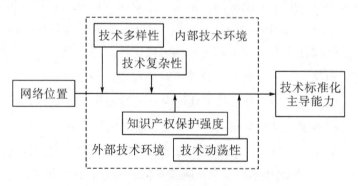

图 3.7　实证研究的概念模型

第三节　本章小结

本章为本书的第三部分，主要研究内容如下。

第一节围绕"复杂装备制造企业的技术标准化主导能力的形成机理"展开。首先，对复杂装备产业技术标准化过程中制造企业的主导作用进行分析。其中，构建有限理性制造企业与供应商在复杂装备产业技术标准化过程中的竞合演化博弈模型，为合作制定标准提供决策支持。基于此，探索制造企业的技术标准化主导作用内在机理。其次，分析制造企业的技术标准化主导能力形成机理，阐明该能力形成的背景；并引入双螺旋模型，以复杂装备的技术标准化和制造企业的技术标准化主导作用作为两条螺旋线，对技术标准化主导能力的形成过程进行刻画。最后，对技术标准化主导能力的内涵与刻画展开详细阐述。

第二节围绕"复杂装备制造企业的技术标准化主导能力的测度与影响因素"展开。先是通过调研访谈和相关研究梳理，开发技术标准化主导能力的测度方式。再运用内容分析法，梳理制造企业技术标准化主导能力的影响因素。相关研究结果显示，合作创新网络是制造企业技术标准化的重要知识源，知识整合是关键中间机制，技术环境是重要调节变量，在此基础上进一步提炼出实证研究的理论模型。

综上所述，本章主要探讨本书的第二个研究问题，即"制造企业的技术标准化主导能力是如何形成积累的，如何测度的，又受到哪些因素的影响"。

第四章 产业合作创新网络位置对制造企业技术标准化主导能力的影响

第一节 网络位置对技术标准化主导能力的影响

一、度中心性对技术标准化主导能力的影响机理

度中心性的大小反映网络主体拥有的直接合作伙伴的数量（Tsai，2001）。度中心性的增加可为制造企业标准化能力带来以下潜在收益。第一，内外部技术知识的整合是制造企业标准化能力形成的重要传导机制（苏敬勤 等，2014a）。度中心性的增加，可产生一种与标准化制定相关的"相关知识整合效应"。直接接触的知识主体越多，既表示可快速便捷地获取与自身核心技术领域紧密相关的知识、技能和信息（Koka et al.，2008），积累组件知识，深化对该领域技术运作的了解（Prencipe，2000），制定组件内的专用性技术标准；又表示制造企业拥有更广泛的知识来源，可以合理避免"集体思考"和"有限探索"（魏江 等，2013），尤其是通过吸收、整合组件供应商的互补知识，可强化自身架构知识（Prencipe，2000），有助于细化组件间的接口技术规范和要求，制定更具兼容性的接口技术标准。第二，开展标准化需要向其他的创新主体获取知识并进行高强度技术学习（Xie et al.，2016）。占据网络中心位置往往为制造企业赢得了良好声誉（Koka et al.，2008），从而产生一种"声誉效应"，即促进与其他创新主体形成长期稳定技术合作关系，减少创新风险和不确定性（Fang et al.，2015）；同时合作中彼此信任感增强，有利于获得合作主体的资源承诺（刘冰 等，2011），引导它们根

据制造企业的创新目标进行专用性投资。这些都有助于激励和促进制造企业的深度学习（贺俊 等，2018），尤其有利于积累对组件内技术标准的认知。但是，自我中心网络中知识元素的相似性较高，企业从直接合作伙伴处难以获得非冗余的、新鲜的知识（曾德明 等，2016）。度中心性水平的提高本质上是网络资源在"量"上的扩张（杨博旭 等，2019）。部分与制造企业保持直接连接的企业间可能存在紧密合作，产生同质、重复的知识，导致"知识冗余"（刘军，2009），造成知识整合效用在边际上的递减。因此，随着中心度的增加，收益增长在整体上呈现边际递减趋势。

成本伴随收益而来，如知识整合成本、关系维护成本等。然而，成本的增长是边际递增的，原因在于以下两点：一是冗余知识加剧了信息甄别、处理难度，增加了额外的知识筛选成本；二是在制造企业中心度过高的情况下，架构知识溢出风险会随着集成商与供应商合作范围的扩大而加速上升，这无疑会加剧制造企业维护标准化能力的成本。在复杂装备行业，制造企业的核心能力，如很多关于产品组装及技术集成的架构知识嵌入在内部员工的技术诀窍中（王娟茹 等，2011），广泛的直接连接促进了员工间紧密合作，加剧了制造企业这类知识的溢出风险（Shiu et al.，2017），直接导致制定接口标准的主导地位下降。尤其是在复杂装备行业中，顶尖制造企业的行业地位及产生巨大经济利益的潜力，使得部分供应商积极筹划向制造企业转型，以及低地位制造企业向高地位的升级。这些都使得制造企业建立直接连接的技术溢出风险加剧，由此产生更多的知识溢出对抗成本。

从收益—成本视角可见，在度中心性水平低时，收益增长占据主导；在度中心性水平高时，成本增长占据主导。借鉴 Haans 等（2016）的倒 U 形曲线形成原理，即制造企业的度中心性对其技术标准化能力的影响整体呈现倒 U 形，提出假设：

H1a：制造企业的度中心性对其技术标准化主导能力具有倒 U 形影响。

二、结构洞对技术标准化主导能力的影响机理

占据结构洞位置也可为制造企业标准化带来多种收益。一是相比于

度中心性在获取知识资源上"量"的扩张，结构洞位置可视为知识资源在"质"上的提升（杨博旭 等，2019）。制造企业占据结构洞，易获得非冗余、异质性知识（陈培祯 等，2019），对其标准化能力的形成产生一种"非相关知识整合效应"，即复杂装备的跨领域、跨专业特性，要求制造企业对供应商的知识领域有一定程度了解（苏敬勤 等，2014a），且具备跨领域集成、跨组织协调的能力（Koka et al.，2008），这些都需要多样化知识源做支撑。尤其在对系统内部组件间接口标准进行规范的时候，对兼容性要求更高（Chen et al.，2005）。此时，占据的结构洞越丰富，越有利于拓展其知识基础多样性（陈培祯 等，2016），获得广阔创新视野，探索出对接口标准化有利的知识组合方式；还可以加深对复杂技术知识的系统认识，提出具有整合功能的兼容性技术要素框架（曾德明 等，2015），促进标准间的匹配协同。二是根据伯特的结构洞理论，结构洞位置为占据者带来信息控制的权利（刘冰 等，2011），更容易发起和主导各种创新活动。制造企业属于创新网络中的关键研发主体，跨领域合作经验丰富（王巍 等，2019），若占据结构洞位置，更容易产生一种"控制效应"，使其在标准制定活动中更有话语权，主导优势更明显。与中心度影响机理有所不同，由于结构洞本身指向非冗余知识（陈培祯 等，2019），不易产生知识冗余，因此其边际收益增长保持稳定。

管理结构洞位置也为制造企业标准化带来了成本。比如，面对非相关的异质性知识源，知识整合成本逐渐上升（张光曦 等，2013）。信任关系着复杂装备内部知识共享成效（王娟茹 等，2011）。结构洞多指向弱连接（刘冰 等，2011），使得合作风险增加，不利于企业间信任关系的形成（张光曦 等，2013），降低了合作伙伴关系投入和知识分享意愿，损害网络中共同价值观与愿景的形成，从而增加了制造企业的学习成本。与中心度相似，结构洞对应的成本增长也是边际递增的。这是由于占据的结构洞越多，信任危机越严重。第一，制造企业的机会主义可能性增加（章丹 等，2013），损害其在行业内的可信度和声望，降低合作企业知识分享意愿，导致制造企业学习难度与额外成本的增加（王娟茹 等，2011）。第二，不仅不利于合作行为的网络统一准则（如增加复杂装备组件间兼容性的技术标准）形成，还给制造企业带来了更大的协调、监控、交流成本（Podolny et al.，1997）。

从收益—成本视角可见，在低结构洞水平范围，收益增长占据主导，而在高结构洞水平范围，成本增长占据主导。参考倒 U 形曲线形成原理，制造企业的结构洞对其技术标准化能力的影响整体呈现倒 U 形。由此，提出假设：

H1b：制造企业占据的结构洞数量对其技术标准化主导能力具有倒U 形影响。

三、研究假设与理论模型

假设 H1a 和 H1b 为本书实证研究的假设主效应——主效应 1 和主效应 2。对相关理论推演进行提炼总结，归纳出主效应内在作用机理，如表 4.1 所示。度中心性和结构洞两个网络位置维度，分别具有差异化的知识资源特征和影响力特征。在此基础上，知识整合机制和影响力机制分别在两个主效应影响路径中发挥着不同的作用。由于处于度中心性和结构洞两类位置的制造企业在获取知识资源上有差别，因此使得知识整合机制呈现出不同的影响效应。具体来讲，由于度中心性位置意味着可便捷获取相关的可信赖知识资源及专用性资源，因此知识整合机制在主效应 1 中产生了"相关知识整合效应"；由于结构洞位置意味着可获取异质性、多样化、非冗余的非相关资源，因此知识整合机制在主效应 2 中产生了"非相关知识整合效应"。另外，度中心性和结构洞也赋予处于该位置的制造企业不同的影响力。具体来讲，度中心性水平高可为制造企业带来良好的声誉，从而影响力机制在主效应 1 中发挥着"声誉效应"；而处于结构洞位置的制造企业易获得控制权力，因此，影响力机制在主效应 2 中发挥着"控制效应"。正是这些不同的影响效应，导致两个主效应的收益曲线存在明显的不同。虽然两个主效应的最终影响效应均为倒 U 形，但是其内在差异化机理不容忽视，明确这一点有助于接下来调节效应的理论分析。

表4.1 网络位置对技术标准化主导能力的影响效应内在作用机理

主效应	维度	位置特征 及其作用方式	作用 机制	收益	成本	最终 影响
度中心性→ 技术标准化 主导能力	度 中 心 性	知识资源特征：可便 捷获取相关可信赖知 识及专用性资源	相关知识 整合效应	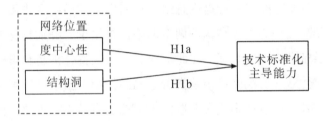		
		影响力特征：可带来 良好的声誉	声誉效应			
结构洞→技 术标准化主 导能力	结 构 洞	知识资源特征：可获 取异质性、多样化、 非冗余的非相关资源	非相关 知识整合 效应			
		影响力特征：获得控 制权力	控制效应			

根据上述分析，提出本章的理论模型，即全文的主效应模型，如图4.1所示。

图4.1 网络位置对技术标准化主导能力的影响理论模型

四、实证分析

1. 样本选择与数据来源

（1）样本选择

轨道交通行业属于高技术和复杂装备制造产业，涵盖上游基建设备、中游轨道列车等复杂装备，如挖掘机、泵车等工程机械，高铁、轻轨等列车产品。该行业具有合作紧密、知识密集、高复杂性等特征，长期以来，形成了广泛而紧密的产业合作创新网络（贺俊 等，2018）。其在研发设计中广泛采用模块化、标准化的模式组织生产，其创新发展取得了大量成果，且专利、标准等数据公开，易于获取。由此，本书选取2000—2016年轨道交通行业245家企业和科研机构（其中制造企业30家、供应商和科研院所215家）的专利数据构建合作创新网络。由于本书假设效应的研究对象为制造企业，因此从上述245家研发主体中，提取出30家制造企业作为样本。制造企业的选取基于以下原则：在复杂装备研发中负责产品总设计、组织项目实施、负责模块集成与产品组装，并提供产品交付及后续服务的企业。所获样本企业共计 28 家国有企业，2 家非国有企业；按照中国国家统计局对地区的常规分类，样本企业主要地域分布为华北地区 6 家、东北地区 5 家、华东地区 8 家、中南地区 7 家、西南地区 3 家、西北地区 1 家；以 2016 年为时间节点，企业年龄在 20 年以下的 5 家，21~60 年的 10 家，61 年（含）以上 15 家。

（2）数据来源

数据主要包括四个部分：专利数据、标准数据、企业基本信息、区域知识产权保护数据。

专利数据来源于国家知识产权局与湖南省专利信息公共服务平台等多个权威专利数据库，用于自变量和部分控制变量（即知识基础规模、网络密度、网络异质性），以及技术多样性、技术复杂性、技术动荡性三个调节变量的测度。考虑到现实中制造企业的专利合作行为频繁、专利能力突出，因此采用目前应用较为广泛的处理方式——专利联合申请来衡量企业间的合作创新。再从获得的专利中筛选出企业联合申请的专利，由此构建合作创新网络，用于研究自变量网络位置的测量。

技术标准数据主要来源于中国知网标准数据库，这一部分数据用于因变量技术标准化主导能力的测量。

企业基本信息数据（如企业年龄）主要从企业主页及行业报告中获取，用于控制变量企业年龄、企业性质的测度。

知识产权保护数据均来源于国家知识产权局，用于调节变量知识产权保护强度的测量。

值得注意的是，企业研发是一个长期的动态过程，因此以 3 年为一个时间窗口，以企业联合申请专利数据建立产业合作创新网络。另外，为了在统计上控制因果效应，考虑到企业技术标准由大量专利构成，因此遵循"技术专利化→专利标准化"逻辑，将专利观测区间较标准观测区间滞后一年，如 2000—2002 年的合作网络对应 2001—2003 年的标准数据，以此类推。

2. 变量定义与测度

因变量技术标准化主导能力的测度方式见第三章第二节；自变量度

中心性和结构洞的测度见第二章第二节。

控制变量包括以下内容。

一是企业年龄。将企业年龄作为控制变量，用以控制所有因为时间变化而产生的不同效应，以及不同年龄的企业带来的资源差异。

二是企业性质。企业性质在一定程度上影响企业的资金获取及研发投入，进而对其专利产产出、技术标准能力产生影响。由此，本书引入2个虚拟控制变量，国有企业、非国有企业，"是"记为1，"否"记为0。

三是知识基础规模。具有强大知识基础的企业在知识元素的重组整合中更具优势（Yayavaram et al.，2015），因此在技术标准化的过程中更容易取得成功。由此，引入知识基础规模作为控制变量，进一步借鉴Yayavaram 等（2015）的测量方法，使用企业前三年申请专利的总数作为该企业当年的知识基础规模。即

$$KB_{it} = \sum_{j=1}^{3} N_{i,\ t-j} \qquad (4.1)$$

四是网络密度。网络密度指网络中行为主体间相互关联的紧密程度。有研究认为，网络密度会对网络中知识流动产生影响（Ofoegbu et al.，2018；Nielsen，2005），进而影响企业对知识的整合效率，以及主导标准化框架的制定。由此，将网络密度作为控制变量，采用整体网密度计算公式来测量，即

$$\mathrm{Den} = \frac{m}{\dfrac{n(n-1)}{2}} = \frac{2m}{n(n-1)} \qquad (4.2)$$

其中，m 为网络中包含的实际关系数目，n 为网络中行动者的个数。具体计算过程可通过 Ucinet 软件实现。

五是网络异质性。网络异质性是网络节点间度分布的不均匀性，反映主体间合作关系的差异化程度（张宝建 等，2015），会对网络中的知识资源的分享及合作意愿产生影响。由此，将其作为控制变量，并用度分布熵进行测度（蔡萌 等，2011），即

$$H = -\sum_{k=1}^{N-1} p(k)\mathrm{log}p(k) \qquad (4.3)$$

其中，$p(k)$ 为网络节点度为 k 的分布函数，N 为网络中节点数目。

3. 数据分析

（1）模型说明与估计

为了验证本章提出的研究假设，本书构建了计量模型1~模型5。其中，模型1只包含本书的5个控制变量，用于验证控制变量选取的合理性及其与因变量间的相关关系；模型2、模型3用于验证假设H1a，检验主效应1（即自变量度中心性和因变量技术标准化主导能力之间存在的倒U形关系）是否成立；模型4、模型5用于验证假设H1b，检验主效应2（即结构洞对技术标准化主导能力的倒U形影响）成否成立。

本书运用Stata13.1进行数据分析。由于因变量技术标准化主导能力是以企业参与制定的技术标准的数量来测量，为非负整数，并且期望和方差差别较大，具有过度分散的特点，因此采用随机效应负二项回归模型对所获面板数据进行假设检验（Yayavaram et al.，2015；Sun et al.，2020）。

（2）描述性统计与VIF值分析

变量的描述性统计及相关关系矩阵见表4.2。可见各变量间相关系数大部分都在0.5以下，少数几个在0.5到0.6之间。进一步通过VIF检验（见表4.2），发现VIF值均小于4（一般以5、10作为判断多重共线性的标准），证明变量间不存在多重共线性问题（Ranganathan et al.，2014；Yayavaram et al.，2015）。需要注意的是，自变量度中心性和结构洞间相关系数为0.758。这个结果并不使人感到以外，这属于网络测度的内生性问题。在网络中占据大量结构洞的企业，同时也可能与很多其他企业保持直接联系，反之亦然，而解决这个问题的方法之一是在数据中加入滞后结构（Ranganathan et al.，2014）。类似情况在Ranganathan等（2014）的研究中也有出现，其不同网络指标间的相关系数为0.840。从社会网络理论看，度中心性和结构洞是从不同视角对网络位置的测度，测度方式有相似之处，但二者理论意义有较大区别。我们将在本章实证结果讨论部分对此进行详细说明。为了将二者相关性带来的影响降到最低，识别各自的影响效应，在回归模型中我们将它们分别放在不同模型中进行回归。在数据分析过程中，对两个自变量及两个调节变量均做了标准化处理。

表 4.2 变量描述性统计与相关系数

变量	1	2	3	4	5	6	7	8
1. 技术标准化主导能力	1							
2. 企业年龄	0.172***	1						
3. 企业性质	0.052	-0.071	1					
4. 知识基础规模	0.347***	0.214***	0.01	1				
5. 网络密度	-0.192***	-0.07	0.000	-0.413***	1			
6. 网络异质性	0.146***	0.098**	0.000	0.634***	-0.532***	1		
7. 度中心性	0.320***	0.027	-0.053	0.414***	-0.200***	0.210***	1	
8. 结构洞	0.370***	0.124***	-0.034	0.593***	-0.297***	0.354***	0.758***	1
观测值数目	450	450	450	450	450	450	450	450
均值	4.698	59.772	0.100	106.442	0.051	0.025	10.838	1.544
标准差	7.295	34.899	0.300	164.903	0.057	0.018	27.748	2.888
VIF	—	1.067	1.011	2.334	1.426	1.983	2.396	3.034

(注: *** $p<0.01$, ** $p<0.05$, * $p<0.1$。)

（3）实证模型回归结果

主效应的回归结果见表4.3。模型1只包含了5个控制变量，模型拟合程度较好。其中，制造企业知识基础规模与所在合作网络的密度对其技术标准化主导能力具有显著的影响。知识基础规模越大，对其技术标准化主导能力越有促进作用。整体网络密度越大，越不利于制造企业技术标准化主导能力的积累。

在模型1的基础上逐步加入自变量度中心性的一次项、二次项，发现与度中心性相关的回归模型对数似然值从模型1中的-1 013.031，增加为模型2中的-1 010.509，再变为模型3中的-1 000.207，表明变量的连续加入增加了模型的适用性（Ranganathan et al.，2014）。

由模型3可见，度中心性一次项系数为0.582，大于0（p<1%），二次项系数为-0.079，小于0（p<1%），拟合优度为0.020，可知制造企业度中心性对其技术标准化主导能力具有显著倒U形影响。由此假设H1a通过检验，得到支持。

同理，对自变量网络结构洞与技术标准化主导能力间的关系进行回归分析（模型4、模型5）。由模型5可知，结构洞一次项系数为正数0.420（p<1%），二次项系数为负数-0.074（p<5%），即结构洞与技术标准化主导能力间存在倒U形关系，假设H1b通过检验，得到支持。

表4.3 主效应的回归分析结果

	模型1	模型2	模型3	模型4	模型5
企业年龄	-0.002	-0.002	-0.003	-0.002	-0.003
	(0.003)	(0.003)	(0.003)	(0.003)	(0.003)
企业性质	0.320	0.346	0.280	0.226	0.251
	(0.311)	(0.311)	(0.305)	(0.303)	(0.304)
知识基础规模	0.001*	0.000	0.000	0.000	0.000
	(0.000)	(0.000)	(0.000)	(0.000)	(0.000)
网络密度	-4.099***	-3.842***	-2.891**	-3.800***	-3.332**
	(1.437)	(1.422)	(1.363)	(1.421)	(1.415)
网络异质性	2.861	3.109	4.253	2.678	1.902
	(4.116)	(4.139)	(4.057)	(4.107)	(4.109)
度中心性		0.116**	0.582***		
		(0.049)	(0.107)		

表4.3(续)

	模型 1	模型 2	模型 3	模型 4	模型 5
度中心性^2			-0.079 *** (0.020)		
结构洞				0.183 *** (0.067)	0.420 *** (0.128)
结构洞^2					-0.074 ** (0.037)
常数项	-0.091 (0.258)	-0.107 (0.259)	0.040 (0.260)	-0.003 (0.262)	0.078 (0.264)
对数似然	-1 013.031	-1 010.509	-1 000.207	-1 009.570	-1 007.165
N	448	448	448	448	448

（注：*** $p<0.01$，** $p<0.05$，* $p<0$。）

（4）内生性检验

为了解决由自变量与因变量间可能存在的反向因果效应而导致的内生性问题，本章在负二项回归分析之前，将自变量数据较因变量数据做滞后一期处理，这有利于缓解潜在的反向因果效应。同理，为了解决调节变量与自变量之间的因果关系导致的内生性问题，也将自变量数据较调节变量数据做滞后一期处理。

4. 实证结果讨论

实证研究假设通过显著性检验（如表4.4所示）。其中，制造企业的度中心性、结构洞均对其技术标准化主导能力产生倒 U 形影响。

表4.4　前文实证分析结果

影响效应	相关假设	实证结果
主效应 1：度中心性影响技术标准化主导能力	H1a	显著的倒 U 形影响
主效应 2：结构洞影响技术标准化主导能力	H1b	显著的倒 U 形影响

从表4.3中实证模型 3、模型 5 的回归分析结果来看，研究假设 H1a、H1b 均得到明确支持，说明相关理论推演与现实规律相契合。结合该回归分析结果，运用 Matlab 分别画出对应的变量关系图（如图 4.2 所示），对实证结果进一步讨论分析。

图 4.2 形象表明度中心性、结构洞均对技术标准化主导能力产生倒U 形影响。研究结果肯定了网络化合作对企业标准化主导能力积累的重要性，这与部分已有研究（邹思明 等，2017；曾德明 等，2016；曾德明等，2015）一致。然而，图 4.2 还进一步表明，网络过度嵌入会对技术标准化主导能力产生不良影响。可能的原因是，研究对象不同。已有研究（曾德明 等，2015）定位于一般高技术产业，其中可能也涉及某些制造企业，但并未有所区分。其未考虑复杂装备标准化与一般高技术产业的标准化在内涵与难度上的不同，也忽略了普通高技术企业与制造企业的个体属性差异，并未对复杂装备制造企业提出有针对性的启示。本书结合复杂装备标准化高综合性、强专用性等特点，综合考虑了关系过度嵌入（度中心性过高）下的"知识冗余""路径依赖"；结构过度嵌入（结构洞占据过多）下的"信任危机"给标准化能力提升造成的阻碍，并得到实证结果的支持。

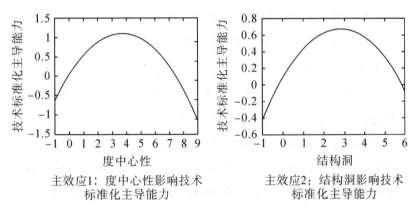

主效应1：度中心性影响技术　　　　主效应2：结构洞影响技术
　　标准化主导能力　　　　　　　　　　标准化主导能力

图 4.2　网络位置影响技术标准化主导能力的结果图

尽管度中心性、结构洞对标准化能力作用效果一致（均为倒 U 形），但却基于不同网络位置特征带来的差异化作用机制。笔者认为，制造企业在网络中占据不同位置，对社会资本的获取和控制存在差异，这与杨博旭等（2019）的研究结论一致。从社会资本理论看，度中心性和结构洞都代表了一定的网络地位，二者紧密相关（相关系数为 0.758）。然而，正如笔者在理论推演部分所描述的（见表 4.1），二者分别具有不同资源特征和影响力特征。从资源特征看，度中心性水平高，意味着网络主体可便捷获取制定标准所需的相关的可信赖、专用性资源；占据结构洞多，则更易获取非相关、非冗余的异质性资源。从影响力特征来看，度中心性水平高可带来良好声誉，获取标准制定所需主导优势；丰富的结构洞则倾向于传递控制权力，产生"控制效应"。因此，尽管二者作用效果一致，但内在机理不同。这也是在同一个调节变量下二者作用效果表现出异质性的最根本原因。

第二节　制造企业内外部技术环境的调节作用

一、内部技术环境的调节机理

技术多样化是制造企业的一个重要特征。大量研究指出，企业的技术多样化水平关系着它知识识别、吸收、整合等活动（曾德明 等，2015），以及在行业中影响力（王巍 等，2019）。因此，制造企业的网络位置能否将标准化战略实施所传递的丰富知识资源及影响力有效转化为技术标准化主导能力，取决于其技术多样性水平。

1. 技术多样性的调节机理

（1）技术多样性调节度中心性对技术标准化主导能力的影响

制造企业拥有多样化的技术就拥有更多整合知识的可能性（Wang et al., 2010；魏江 等，2013），能够使直接连接增加产生的知识冗余问题得到缓解，使度中心性的"相关知识整合效应"发挥更大作用，因此也更易形成两类技术标准。大量研究表明，当企业的技术多样化水平高时，在行业中会产生更高的受认可程度与更多吸引力（王巍 等，2019），可进一步增强中心位置的"声誉效应"。

拥有多样化技术的制造企业，往往积累了丰富的前期知识整合试错和试验经验，可避免实施很多不具备创新产出潜力的知识组合行为（魏江 等，2014），减少中心度增加带来的筛选成本，也可有意识地减少和某些合作伙伴的深度交流合作，降低直接连接所带来的技术溢出风险对抗成本（王伟光 等，2015）。技术的多样性水平越高，更有能力减少在相关技术领域中运作所产生的熟悉的思维模式和能力陷阱，克服高中心性所形成的路径依赖（Wang et al.，2010）。

可见，当制造企业技术多样性水平较高时，随着度中心性的增加，收益的增长比原来更快，而成本的增长比原来更慢，知识冗余产生的不良影响得到缓解。笔者借鉴 Haans 等（2016）的调节倒 U 形曲线的分析原理，明确相关作用机理（如表 4.5 所示），提出假设：

H2a：技术多样性的增加会减弱度中心性对技术标准化主导能力的倒 U 形影响。

（2）技术多样性调节结构洞对技术标准化主导能力的影响

复杂装备标准化的高知识综合性，使得多技术企业在研制适用范围更广、兼容性更强的技术标准上更具优势（曾德明 等，2015）。制造企业技术多样性水平越高，表明涉及知识领域越广，越有能力实施标准化中的知识整合，增强结构洞的"异质性知识整合效应"；同时，也越容易使得通过结构洞连接的企业对其依赖增加，使得结构洞的"控制效应"增强。

技术多样化增加了制造企业的知识宽度，使企业对异质性知识更易理解和处理，降低了学习成本（陈培祯 等，2019）。技术多样性带来的被认可度，缓解了因为占据结构洞带来的"信任危机"，从而使协调成本降低、制造企业负担减少（张光曦，2013）。

可见，当制造企业的技术多样性水平较高时，收益的增长比原来更快，而成本的增长比原来更慢，对"信任危机"的抵抗力增加，不信任感产生的不良影响得到缓解。笔者借鉴 Haans 等（2016）的调节倒 U 形曲线的分析原理，明确相关作用机理（如表 4.5 所示），提出假设：

H2b：技术多样性的增加会减弱结构洞对技术标准化主导能力的倒 U 形影响。

表 4.5　假设调节效应的作用机理

调节效应	对主效应1的调节			对主效应2的调节		
技术 多样性	收益	成本	净收益	收益	成本	净收益
技术 复杂性	收益	成本 ?	净收益 ?	收益	成本	净收益 ?
知识产权 保护强度	收益	成本	净收益 ?	?	成本	净收益 ?
技术 动荡性	收益 ?	成本	净收益 ?	收益 ?	成本	净收益 ?

2. 技术复杂性的调节作用

技术复杂性是复杂装备创新研究中最受关注的环境特征。不同于技术多样性反映的是技术领域的宽度，技术复杂性反映技术知识领域间的相互依赖程度。企业的知识整合会受到各知识领域间依赖程度的引导和影响（Yayavaram et al., 2015）。另外，制造企业的技术复杂性水平越高，越反映其有能力主导研发高复杂性的复杂装备。这类产品系统常可能产生巨大的社会影响力，极大地促进社会的发展，也有利于制造企业在行业中影响力的提升。因此，在分析制造企业的网络位置影响技术标准化主导能力的时候，技术复杂性既是一个重要的考虑因素，也是决定制造企业通过自身网络位置积累技术标准化主导能力大小的一个边界条件。

（1）技术复杂性调节度中心性对技术标准化主导能力的影响

制造企业技术复杂性水平较高时，会对度中心性影响技术标准化主导能力的"相关知识整合效应"和"声誉效应"收益产生积极影响。制造企业的技术复杂性水平越高，制造企业越擅长对现有技术、产品的组合创新（陶晓波 等，2018），对识别不兼容技术、内外部知识源整合也越有经验和预见性（Wadhwa et al.，2017）；涉及的组件数量越多、集成模式越复杂，所跨越的知识领域范围越大，对知识的横向、纵向两个维度的需求也会加大，相比于知识结构较为简单的企业，也更有能力来抵御过多知识源带来的"知识过载"现象（Wadhwa et al.，2017；Sun et al.，2020）。制造企业的技术复杂性水平，是制造企业研发复杂装备的实力的体现。复杂性水平越高，反映其越具有处理复杂知识源的潜力，这也向行业中其他企业发出信号，引导激励它们与制造企业深度合作，增强"声誉效应"。

技术复杂性的增加会带来度中心性影响技术标准化主导能力的成本曲线发生变化。技术复杂性是企业的一种价值保护机制，复杂技术知识的转移和吸收需要吸收方企业对这些知识有系统层面的理解（Rivikin et al.，2002），降低这些知识被模仿的可能性，防止无意识的知识溢出（Wadhwa et al.，2017）。因此，当技术多样性水平较高时，制造企业的知识溢出对抗成本降低。但是复杂知识涉及多个知识领域的交互，给知识转移和协调带来障碍（Ganco，2013）。尤其是在制定接口技术标准的过程中，对制造企业知识基础的跨领域水平提出了更高的要求，其协调能力面临巨大的考验，因此增加了将外部知识与制造企业自身知识整合的协调成本（Novak et al.，2001）。可见，随着技术复杂性的增加，度中心性对技术标准化能力影响所涉及的成本会发生变化，但是总成本如何变化无法判断。

因此，当制造企业技术复杂性水平较高时，随着度中心性的增加，收益的增长比原来更快，而成本的增长无法判断。笔者借鉴 Haans 等（2016）的调节倒 U 形曲线的分析原理，明确相关作用机理（如表 4.5所示），提出以下竞争性假设：

H3a1：技术复杂性的增加会增强度中心性对技术标准化主导能力的倒 U 形影响。

H3a2：技术复杂性的增加会减弱度中心性对技术标准化主导能力的倒 U 形影响。

（2）技术复杂性调节结构洞对技术标准化主导能力的影响

制造企业的高技术复杂性同样会增强结构洞位置对技术标准化主导能力产生的"非相关知识整合效应"与"控制效应"。技术越复杂，越要求技术知识源的多样性（Singh，1997）。一些研究认为，在复杂的技术环境中，知识源的多样性更受偏爱。位于结构洞位置的制造企业容易获取异质性知识源，因此技术复杂性水平越高，越会增强结构洞对技术标准化主导能力产生的"非相关知识整合效应"，从而产生更多的收益。技术复杂性为其他企业的进入制造了技术壁垒（陶晓波 等，2018），体现了企业的技术实力。技术的复杂性水平高，反映了制造企业在处理复杂的知识领域关系上的经验和优势（Sun et al.，2020），也体现了制造企业在复杂装备研发、系统集成中的重要作用和影响力。因此，尤其是在制定接口技术标准的时候，供应商更容易参与到制造企业所发起的标准制定活动中。结构洞的"控制效应"收益增加。

对于技术复杂性水平较高的制造企业而言，结构洞影响技术标准化主导能力的成本曲线也会较技术复杂性水平较低的制造企业有所不同。如前文所说，技术复杂性水平越高，制造企业的知识溢出对抗成本越低。但是制造企业技术复杂性水平越高，对知识领域间关系的理解也会越深刻，越有能力参与复杂装备研发的各个环节，越具备制定主导标准的实力。在这种情况下，制造企业行业话语权更强，会加剧合作企业对位于结构洞位置的制造企业的不信任感，进一步增加制造企业的学习成本和协调监控成本。

因此，当制造企业技术复杂性水平较高时，随着占据的结构洞数量的增加，收益的增长比原来更快，而成本的增长无法判断。笔者借鉴Haans 等（2016）的调节倒 U 形曲线的分析原理，明确相关作用机理（如表 4.5 所示），提出以下竞争性假设：

H3b1：技术复杂性的增加会增强结构洞对技术标准化主导能力的倒 U 形影响。

H3b2：技术复杂性的增加会减弱结构洞对技术标准化主导能力的倒 U 形影响。

二、外部技术环境的调节机理

1. 知识产权保护强度的调节作用

复杂装备标准化的综合性水平高、专用性强的特点，使其标准化活动涉及多个知识领域的交互及多个主体间的复杂关系，而这些都极可能引发知识产权的争端（吕铁，2005）。由于知识产权保护制度不仅作用于制造企业，还对合作主体产生影响，所以对制造企业来说，这也使得知识产权保护制度的作用具有"激励"和"阻碍"双面性（刘小鲁，2011），其内在机理分析更为复杂。

（1）知识产权保护强度调节度中心性对技术标准化主导能力的影响

在知识产权保护制度相对完善的地区，制造企业的知识整合更容易受到保护，可有效地规避技术盗用、技术人员流动所潜藏的泄密等风险，实现创新价值（吴凯 等，2012），使得"知识整合效应"得到增强；同时，还能使中心位置产生的"声誉效应"增强。这是由于此时知识泄露等风险相对较低（魏江 等，2013），未经授权的技术盗用和专利侵占行为减少（魏浩 等，2018），合作伙伴的专用性投资行为会受到鼓励，有利于制造企业的深度学习。因此，中心位置带来的收益增长趋势更快。

与此同时，标准化中制造企业向合作企业学习的行为面临更大的被诉讼风险。企业热衷于将自身专利融入标准（刘江鹏，2015），以获取标准实施后的专利许可收益及互补品开发先动优势。在知识产权保护机制越完善的地区，合作企业申请技术专利的意愿越强，专利标准化动机也越强，这些都为制造企业向合作伙伴学习增添了更多的风险。知识产权保护水平较高的地区更注重专利价值（徐向阳 等，2018），使得专利诉讼活动更具吸引力，也容易产生"专利流氓"（毛昊 等，2017）发起的恶意诉讼。大量直接合作关系易带来权益摩擦，对于处于网络中心位置的制造企业来说，其更容易受到合作主体牵连（史金艳 等，2019），从而卷入标准化引发的知识产权争端之中。这些都增加了制造企业的被诉讼风险和学习成本。因此，中心位置带来的成本边际增长更快。

由于我们难以判断收益增加的边际效应和成本增加的边际效应孰大孰小，因此我们对于新的净收益曲线是增强还是减弱无法判断。笔者借鉴 Haans 等（2016）的调节倒 U 形曲线的分析原理，明确相关作用机理（如表 4.5 所示），提出以下竞争性假设：

H4a1：知识产权保护强度的增加会增强度中心性对技术标准化主导能力的倒 U 形影响。

H4a2：知识产权保护强度的增加会减弱度中心性对技术标准化主导能力的倒 U 形影响。

（2）知识产权保护强度调节结构洞对技术标准化主导能力的影响

知识产权保护强度越高，越能使制造企业的异质性知识整合受到保护，从而使"异质性知识整合效应"增强，但不利于"控制效应"的作用。这是因为，知识产权保护强度增加，会加剧结构洞位置的"信任危机"产生的学习成本和协调成本。复杂装备顺利开发对制造企业的协调能力有很高的要求，加之标准化中可能出现的知识争端，占据过多结构洞产生的信任危机等，都对制造企业的协调能力提出了严峻考验，增加了协调成本。另外，信任危机会使得合作伙伴采取积极主动的知识保护手段，强化自身创新收益占有（李伟 等，2010）。此时，知识产权法律审判机制和执行力度增强，使得合作伙伴的知识产权保护手段容易实现（刘小鲁，2011），增加了主制造知识获取成本，如面临高额专利许可费，被迫承担更多的应对其他企业的专利诉讼的时间成本与财务成本等，这些都会降低标准化的实现效率。

可见，成本的增长加快，但"异质性知识整合效应"与"控制效应"的总收益增长无法确定，对最终的净收益变化无法判断（如表 4.5 所示）。笔者同样提出竞争性假设：

H4b1：知识产权保护强度的增加会增强结构洞对技术标准化主导能力的倒 U 形影响。

H4b2：知识产权保护强度的增加会减弱结构洞对技术标准化主导能力的倒 U 形影响。

2. 技术动荡性的调节作用

技术动荡性反映了技术环境的变化速率和技术结果的不可预测性（Wang et al.，2010）。动荡的技术环境会影响制造企业的技术资源获取

（陶秋燕 等，2017）、战略选择和创新结果（高宇 等，2010）。外部技术环境的动荡性给市场带来新的技术和产品，增加了制造企业创新的不确定性，迫使制造企业不断调整自身知识储备，开发新的技术知识组合，以应对这种不断变化的技术环境。另外，动荡的技术环境会影响制造企业和合作企业的各种合作行为，进而对制造企业在产业中的声誉和控制力产生影响。因此，制造企业占据高中心度和丰富的结构洞位置能否将标准化战略实施所传递的丰富知识资源及影响力有效转化为技术标准化主导能力，取决于其所处外部技术环境的动荡水平。

（1）技术动荡性调节度中心性对技术标准化主导能力的影响

技术动荡性对位于中心位置的制造企业的知识创新具有正反两面性。一方面，制造企业容易产生在位者惰性和核心刚性（陶秋燕 等，2017）。具体来说，长期在相关领域的投入和运作，使得制造企业的研发具有路径依赖特征，在面对动荡的技术环境时，技术不确定水平高，会使得制造企业试图保护企业现有知识基础，来不及快速响应环境的变化（Wang et al.，2010）；另一方面，在动荡的技术环境中，制造企业更新知识成为迫切所需，更能发现创新机会（陈立勇 等，2016），易促进制造企业发掘更多有潜力的知识组合，产生新知识，缓解直接连接过多带来的"知识冗余"。因此，"相关知识整合效应"收益无法判断。另外，动荡的技术环境增加了创新专用性资源的风险（Wang et al.，2010），降低了合作企业投入创新专用性资源的积极性。因此，度中心性的"声誉效应"减弱，相关收益降低。

从成本来看，技术的动荡性使得企业危机感增强，专用性资源投入降低，从而使得制造企业学习成本增加。

可见，技术动荡性水平越高，度中心性影响技术标准化能力的成本增长越快，但"相关知识整合效应"与"声誉效应"的总收益增长无法确定，对最终的净收益变化无法判断。笔者借鉴 Haans 等（2016）的调节倒 U 形曲线的分析原理，明确相关作用机理（如表 4.5 所示）。笔者提出竞争性假设：

H5a1：技术动荡性的增加会增强度中心性对技术标准化主导能力的倒 U 形影响。

H5a2：技术动荡性的增加会减弱度中心性对技术标准化主导能力的倒 U 形影响。

（2）技术动荡性调节结构洞对技术标准化主导能力的影响

外部技术环境动荡水平越高，探索获取多样化技术领域的非相关知识越能促进企业的生产经营（Wang et al.，2010）。正如前文所述，动荡的技术环境使得制造企业更有动力也更有机会去发掘新的知识组合，以适应环境的变化。又如，蒋旭灿等（2011）的研究指出，技术的动荡性可以强化从资源共享获取创新这个影响效应。因此，从收益来看，结构洞对技术标准化主导能力的"非相关知识整合效应"会得到增强，其收益将会增加。然而，动荡的技术环境使得制造企业的合作企业采取保守的研发策略和合作策略（高宇 等，2010），所以，不利于制造企业对其他企业的"控制效应"，因此相应的收益会降低。

从成本来看，技术的动荡性使得企业危机感增强，加剧了制造企业占据结构洞的"信任危机"，使合作企业的创新保护手段更加严格。另外，动荡技术环境也使得合作企业的产品和技术更新速度加快，这些都会带来制造企业学习成本、协调成本的增加。

可见，在动荡性水平高的技术环境中，结构洞影响技术标准化能力的成本增长加快，但"非相关知识整合效应"与"控制效应"的总收益增长无法确定，对最终的净收益变化无法判断。笔者借鉴 Haans 等（2016）的调节倒 U 形曲线的分析原理，明确相关作用机理（如表 4.5 所示），提出竞争性假设：

H5b1：技术动荡性的增加会增强结构洞对技术标准化主导能力的倒 U 形影响。

H5b2：技术动荡性的增加会减弱结构洞对技术标准化主导能力的倒 U 形影响。

三、研究假设与理论模型

调节效应的分析仍然基于主效应理论推演中所采用的收益—成本视角，分析 4 个调节变量如何分别作用于知识整合机制与影响力机制，从而使得在不同的调节变量水平下，两个主效应各自的收益和成本曲线发生变化。笔者结合主效应的作用机理分析，对调节效应相关理论推演进行提炼总结，归纳出调节效应的作用机理，如表 4.5 所示。各技术环境变量调节下，主效应的收益、成本曲线均产生如表 4.5 所示的变化。

根据上述与假设相关的理论分析，笔者提出本章的理论模型，也即调节效应理论模型，如图 4.3 所示。技术多样性的调节效应较为简单，提出假设 H2a 和 H2b。由于技术复杂性、知识产权保护强度、技术动荡性这三个技术环境变量的调节作用机理较为复杂，最终影响效应难以判定，因而均分别提出竞争性假设（即 H3a1 和 H3a2、H3b1 和 H3b2、H4a1 和 H4a2、H4b1 和 H4b2、H5a1 和 H5a2、H5b1 和 H5b2）。

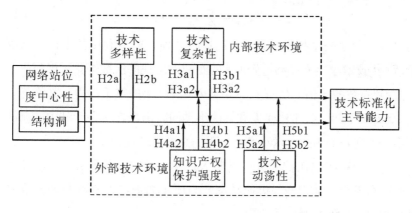

图 4.3　调节效应理论模型

四、实证分析

1. 样本选择与数据来源

样本选择与上一节保持一致。

数据来源与上一节保持一致。技术多样性、技术复杂性、技术动荡性三个调节变量的测度基于所搜集的专利数据。除此之外，区域知识产权保护数据来源于国家知识产权局，用于调节变量知识产权保护强度的测量。

面板数据的构建和处理方式与上一节相同。

2. 变量定义与测度

因变量技术标准化主导能力的测度方式见第三章第二节。

自变量度中心性和结构洞的测度见第二章第二节。

调节变量包括以下内容。

一是技术多样性。借鉴 Aktamov（2014）的研究，采用熵指数来衡

量企业技术多样性水平。即

$$TD = \sum_{i=1}^{N} P_i \ln\left(\frac{1}{P_i}\right) \qquad (4.4)$$

其中，P_i 表示企业所拥有专利中属于技术小类 i 的专利所占的比例，N 表示企业专利包含的小类的个数。

二是技术复杂性。对于技术复杂性的测度，研究中广泛基于专利数据进行分析。参考 Yayavaram 等（2015）对技术复杂性的测量方法，有制造企业 i 第 t 年的技术复杂性 $TC_{i,\,T}$ 为

$$TC_{i,\,t} = \sum g_{itk} \times E_{tk} \qquad (4.5)$$

其中，g_{itk} 是每一个技术小类 k 在制造企业拥有的专利中的占比，其值等于第 t 年技术小类 k 在制造企业 i 的专利中出现的次数与第 t 年制造企业 i 的专利总数的比值。E_{tk} 是技术小类 k 在第 t 年的重组潜力，其值等于第 $t-5$ 到 $t-1$ 年间，技术小类 k 和其他小类同时出现在一条专利中的总次数与第 $t-5$ 到 $t-1$ 年间技术小类 k 出现的总次数的比值。

三是知识产权保护强度。借鉴 Xie 等（2018）的研究，采用第 t 年企业所在省份的知识产权诉讼结案数与该年知识产权立案数的比值来测量其知识产权保护强度。

四是技术动荡性。参考 Wang 等（2010）的方法，用产业专利数据的波动来反映制造企业外部技术环境的动荡性。制造企业在某一年的技术波动性 TED_t 为

$$\text{TED}_t = \frac{SD_t}{Avg_t} \qquad (4.6)$$

其中，SD_t 是第 $t-4$ 到 t 年 5 年间制造企业所在产业专利总数与年份的回归系数的标准差，Avg_t 第 $t-4$ 到 t 年 5 年间制造企业所在产业专利数均值。

控制变量的测度方式与上一节相同。

3. 数据分析

（1）模型说明与估计

为了验证前文提出的研究假设，笔者在本章上一章的实证模型基础上构建了以下计量模型。模型 6、模型 7 分别检验技术多样性在主效应

1、主效应 2 中的调节作用；模型 8、模型 9 分别检验技术复杂性在主效应 1、主效应 2 中的调节作用；模型 10、模型 11 分别检验知识产权保护强度在主效应 1、主效应 2 中的调节作用；模型 12、模型 13 分别检验技术动荡性在主效应 1、主效应 2 中的调节作用。

本书运用 Stata13.1 进行数据分析。基于与上一节同样的考虑，采用随机效应负二项回归模型对所获面板数据进行假设检验。

（2）描述性统计与 VIF 值分析

变量的描述性统计及相关关系矩阵见表 4.6。可见，各变量间相关系数大部分都在 0.5 以下，少数几个在 0.5 到 0.6 之间。进一步通过 VIF 检验，发现 VIF 值均小于 4（一般以 5、10 作为判断多重共线性的标准），证明变量间不存在多重共线性问题。关于自变量度中心性和结构洞间相关系数为 0.758 及相关处理方式已在上一节实证部分做了详细说明，此处不再赘述。在数据分析过程中，对两个自变量及两个调节变量均做了标准化处理。

（3）实证模型回归结果

回归结果见表 4.7。由模型 6 可见，技术多样性与度中心性二次项的交互项系数为 0.173（$p < 5\%$），结果显著。由模型 7 可见，技术多样性与结构洞二次项的交互项系数为 -0.081，结果不显著，假设 H2b 未得到支持。由模型 8 可见，技术复杂性与度中心性二次项的交互项系数为 0.113（$p < 1\%$），结果显著。由模型 9 可见，技术复杂性与结构洞二次项的交互项系数为 0.006，结果不显著，竞争性假设 H3b1 和 H3b2 均未得到支持。由模型 10 可见，知识产权保护强度与度中心性二次项的交互项系数为 -0.037，结果不显著，竞争性假设 H4a1 和 H4a2 均未得到支持。由模型 11 可见，知识产权保护强度与结构洞二次项的交互项系数为 -0.104（$p < 5\%$），结果显著。由模型 12 可见，技术动荡性与度中心性二次项的交互项系数为 0.082（$p < 10\%$），结果显著。由模型 13 可见，技术动荡性与结构洞二次项的交互项系数为 0.022，结果不显著，假设 H5b1 和 H5b2 均未得到支持。

创新网络位置对技术标准化主导能力影响的实证研究——基于中国复杂装备制造业

表4.6　变量描述性统计与相关系数

变量	1	2	3	4	5	6	7	8	9	10	11	12
1. 技术标准化主导能力	1											
2. 企业年龄	0.172***	1										
3. 企业性质	0.052	-0.071	1									
4. 知识基础规模	0.347***	0.214***	0.01	1								
5. 网络密度	-0.192***	-0.07	0.000	-0.413***	1							
6. 网络异质性	0.146***	0.098**	0.000	0.634***	-0.532***	1						
7. 度中心性	0.320***	0.027	-0.053	0.414***	-0.200***	0.210***	1					
8. 结构洞	0.370***	0.124***	-0.034	0.593***	-0.297***	0.354***	0.758***	1				
9. 技术多样性	0.320***	0.368***	0.067	0.562***	-0.549***	0.484***	0.284***	0.357***	1			
10. 技术复杂性	0.364***	0.058	-0.068	0.181***	-0.439***	0.196***	0.213***	0.217***	0.579***	1		
11. 知识产权保护强度	0.001	0.116**	0.014	-0.063	0.048	0.039	-0.098**	-0.085*	-0.028	0.004	1	
12. 技术动荡性	-0.197***	-0.054	0.000	-0.345***	0.584***	-0.542***	-0.187***	-0.257***	-0.404***	0.397***	-0.041	1
观测值数目	450	450	450	450	450	450	450	450	450	311	310	360
均值	4.698	59.772	0.100	106.442	0.051	0.025	10.838	1.544	2.493	0.599	0.839	0.037
标准差	7.295	34.899	0.300	164.903	0.057	0.018	27.748	2.888	1.017	0.243	0.251	0.021
VIF	—	1.067	1.011	2.334	1.426	1.983	2.396	3.034	3.168	1.842	1.073	1.637

（注：*** p<0.01，** p<0.05，* p<0.1。）

表 4.7 调节效应的回归分析结果

	模型 6	模型 7	模型 8	模型 9	模型 10	模型 11	模型 12	模型 13
企业年龄	-0.012*** (0.004)	-0.009** (0.004)	-0.008** (0.004)	-0.007* (0.004)	-0.003 (0.003)	-0.003 (0.003)	-0.007 (0.004)	-0.007* (0.004)
企业性质	-0.288 (0.367)	-0.123 (0.364)	0.054 (0.390)	0.284 (0.409)	0.269 (0.305)	0.328 (0.319)	-0.151 (0.406)	-0.127 (0.409)
知识基础规模	-0.000 (0.000)	-0.000 (0.001)	0.000 (0.000)	0.001 (0.000)	0.000 (0.000)	0.000 (0.000)	-0.001 (0.000)	-0.001 (0.000)
网络密度	-4.831** (1.941)	-6.318*** (1.923)	-1.555 (1.886)	-2.848 (1.883)	-2.496* (1.360)	-3.210** (1.410)	-5.506 (3.764)	-4.683 (3.807)
网络异质性	-6.829* (3.862)	-8.307** (3.974)	-4.696 (3.831)	-6.098 (4.024)	5.379 (4.038)	1.962 (4.110)	-18.868*** (4.842)	-20.151*** (4.776)
度中心性	0.451** (0.194)		0.347*** (0.125)		0.683*** (0.124)		0.160 (0.116)	
度中心性^2	-0.251*** (0.090)		-0.083*** (0.024)		-0.118*** (0.032)		0.017 (0.032)	
结构洞		0.129 (0.168)		0.034 (0.132)		0.443*** (0.129)		0.080 (0.139)
结构洞^2		0.067 (0.070)		-0.001 (0.033)		-0.088** (0.038)		0.019 (0.048)
技术多样性	0.197 (0.129)	0.162 (0.151)						
技术多样性*度中心性	0.184 (0.209)							

创新网络位置对技术标准化主导能力影响的实证研究——基于中国复杂装备制造业

表4.7（续）

	模型6	模型7	模型8	模型9	模型10	模型11	模型12	模型13
技术多样性 * 度中心性^2	0.173** (0.085)							
技术多样性 * 结构洞		-0.035 (0.226)						
技术多样性 * 结构洞^2		-0.081 (0.081)						
技术复杂性			0.271*** (0.077)	0.362*** (0.083)				
技术复杂性 * 度中心性			-0.099 (0.119)					
技术复杂性 * 度中心性^2			0.113*** (0.044)					
技术复杂性 * 结构洞				0.220 (0.143)				
技术复杂性 * 结构洞^2				0.006 (0.054)				
知识产权保护强度 * 度中心性					-0.020 (0.076)	0.060 (0.081)		
知识产权保护强度 * 度中心性					-0.025 (0.144)			
知识产权保护强度 * 度中心性^2					-0.037 (0.037)			

表4.7（续）

	模型6	模型7	模型8	模型9	模型10	模型11	模型12	模型13
知识产权保护强度*结构洞						0.221* (0.133)		
知识产权保护强度*结构洞^2						-0.104** (0.053)		
技术动荡性							-0.453*** (0.102)	-0.454*** (0.103)
技术动荡性*度中心性							-0.154 (0.110)	
技术动荡性*度中心性^2							0.082* (0.045)	
技术动荡性*结构洞								0.028 (0.108)
技术动荡性*结构洞^2								0.022 (0.048)
常数项	1.763*** (0.354)	1.519*** (0.345)	1.234*** (0.364)	1.118*** (0.369)	0.023 (0.265)	0.106 (0.269)	2.009*** (0.376)	2.039*** (0.374)
对数似然	-767.090	-773.934	-746.572	-748.807	-997.580	-1 005.179	-736.436	-738.792
样本量	311	311	310	310	448	448	300	300

（注：*** $p<0.01$，** $p<0.05$，* $p<0.1$。）

第四章　产业合作创新网络位置对制造企业技术标准化主导能力的影响

由于非线性模型中交互项系数并不反映真实的交互效应（Sun et al., 2008；Yayararam et al., 2015），因此不能仅仅从交互项系数的正负判定要检验的假设是否得到支持。鉴于此，接下来将使用图来进一步解释具有显著性水平的交互模型（模型6、模型8、模型11、模型12）结果，判断结果显著的调节效应假设 H2a，以及竞争性假设 H3a1 和 H3a2、H4b1 和 H4b2 是否通过，并对未通过的假设 H2b、H3b1 和 H3b2、H4a1 和 H4a2、H5a、H5b 进行解释。

4. 内生性检验

为了解决自变量与因变量间可能存在的反向因果效应导致的内生性问题，本书采用了两种方法来处理。其一，在负二项回归分析之前，将自变量数据较因变量数据做滞后一期处理，这有利于缓解潜在的反向因果效应。同理，为了解决调节变量与自变量之间的因果关系导致的内生性问题，也将自变量数据较调节变量数据做滞后一期处理。其二，运用广义矩估计 GMM 回归法（Sun et al., 2018），将自变量和调节变量设定为内生变量，并匹配相应的工具变量（模型中设定为因变量、自变量与调节变量的滞后项）以矫正其潜在的内生性问题。可以发现，主要变量的回归系数方向与基准回归模型（负二项回归）相关结果一致，主要变量也均通过显著性检验。这也进一步证实了实证回归结果的稳健性。

5. 实证结果讨论

实证研究假设大部分通过显著性检验（如表 4.8 所示）。其中，技术多样性、技术复杂性、技术动荡性均对度中心性影响技术标准化主导能力产生显著调节效应，对结构洞影响技术标准化主导能力的调节作用不显著；而知识产权保护强度对结构洞影响技术标准化主导能力具有显著调节效应，对度中心性影响技术标准化主导能力调节作用不显著。

表4.8　本章实证分析结果

技术多样性调节	主效应1	H2a	结果显著，假设是否通过需进一步讨论
	主效应2	H2b	结果不显著，假设不支持

表4.8(续)

技术多样性调节	主效应1	H2a	结果显著，假设是否通过需进一步讨论
	主效应2	H2b	结果不显著，假设不支持
技术复杂性调节	主效应1	H3a1 和 H3a2	结果显著，假设執通过需进一步讨论
	主效应2	H3b1 和 H3b2	结果不显著，假设不支持
知识产权保护强度调节	主效应1	H4a1 和 H4a2	结果不显著，假设不支持
	主效应2	H4b1 和 H4b2	结果显著，假设執通过需进一步讨论
技术动荡性调节	主效应1	H5a1 和 H5a2	结果显著，假设執通过需进一步讨论
	主效应2	H5b1 和 H5b2	结果不显著，假设不支持

结合表4.7中的回归分析结果，笔者对技术环境的调节作用进行进一步讨论和分析。

（1）已通过检验的调节效应的讨论

结合通过显著性检验的模型6、模型8、模型11、模型12的回归分析结果，运用 Matlab，分别画出对应的变量关系图，如图4.4所示。

由图4.4（1）可知，技术多样性增加，主效应1对应的倒U形曲线变平坦，表明假设 H2a 得到支持。由于合作是复杂装备创新的普遍趋势，不可避免，那么进一步讨论如何有效规避"建立网络关系带来的这种不良影响"。笔者发现，技术多样性的增加一是会缓解中心度过高带来的不良影响；二是会使最优技术标准化主导能力对应的度中心性也明显提高（即顶点向右移动）。这都说明制造企业技术多样化水平越高，越有能力去消化、容纳通过建立直接合作关系获取的社会资本，且对网络资源的利用效果也越好。研究结果与魏江等（2013）的观点一致，即企业内部技术多样性水平越高，外来技术知识与内部已有知识相关的可能性就越大，从而整合的可能性就增大，进一步建立在更广泛知识整合基础上的创新越会产生更广泛的用途。技术多样性增加还会使主效应1对应的技术标准化主导能力整体升高（即曲线整体上移）。该结果也进一步支持了 Lee 等（2015）的观点，即整合网络中的知识，利用可能的

互补性及协同性，从而产生更高的绩效。

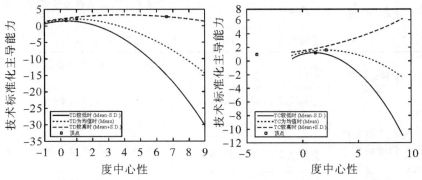

（1）技术多样性（TD）调节主效应1　　（2）技术复杂性（TC）调节主效应1

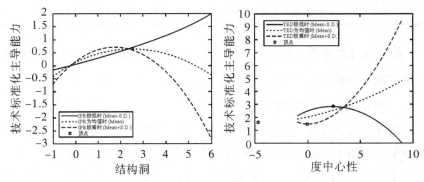

（3）知识产权保护强度（IPR）调节主效应2（4）技术动荡性（TED）调节主效应1

图4.4　技术环境的调节作用结果图

由图4.4（2）可知，随着技术复杂性的增加，主效应1对应的实线倒U形曲线变为较平坦的短虚线倒U形曲线，表明相关的竞争性假设H3a1和H3a2中的H3a2得到支持，即技术复杂性的增加会减弱度中心性对技术标准化主导能力的倒U形影响。进一步发现，在复杂的技术环境中，度中心性带来的不良影响得到缓解；技术标准化主导能力由上升趋势变为下降趋势的拐点变大（即顶点向右移动）；主效应1对应的技术标准化主导能力整体升高（即短虚线高于实线）。这表明，技术复杂性并不总是为技术标准化主导能力的积累制造瓶颈，反而会产生促进作用。正如我们所知，技术标准化是企业的一种创新活动，度中心位置涉及很多制造企业现有相关技术领域的知识整合。因此，这个发现也印证

 暂略

创新网络位置对技术标准化主导能力影响实证研究
——基于中国复杂装备制造业

了 Yayavaram 等（2015）的观点，即技术复杂性的增加会减弱现有知识领域的知识整合对创新结果产生的负效应。进一步讨论发现，随着技术复杂性的继续增加，度中心性对技术标准化主导能力的倒 U 形影响变为正 U 形影响，在度中心性的实证数据范围内，表现为正向影响［如图 4.4（2）中的长虚线曲线］。该结论与部分技术复杂性相关研究一致，肯定了在复杂的技术环境中，外部知识搜索、技术学习对于企业创新的重要作用。这表明，在高度复杂的技术环境中，度中心性的负面影响完全被消除，通过建立直接合作关系、获取技术知识、加强技术知识的学习以增强自身创新能力（熊捷 等，2017），这是制造企业提升技术标准化主导能力的上佳选择。

由图 4.4（3）可知，知识产权保护强度增加，主效应 2 对应的倒 U 形曲线变陡峭（短虚线变为长虚线），表明竞争性假设 H4b1 和 H4b2 中的假设 H4b1 得到支持。值得注意的是，当知识产权保护强度较低时，结构洞对技术标准化主导能力的影响表现为积极作用［见图 4.4（3）实线］。这其实不难解释，在知识产权制度不完善的地区，谁占据合作网络的关口（即企业间的桥梁）、掌握了多样化的资源，谁的能力就越强。然而在现今经济活动中，完善知识产权保护制度是大势所趋。因此，要寻求能够指导未来实践的启示，还要看知识产权保护的情况。假设 H4b1 通过检验，进一步支持了知识产权保护的"双面性"（刘小鲁，2011），一方面产生"激励"作用，使得制造企业与合作主体间知识分享更高效，可更快速通过结构洞位置获取技术标准化主导能力；另一方面产生"阻碍"效应，会加剧主效应 2 的不良影响，且最优技术标准化主导能力对应的结构洞数量变少（即顶点向左移动）。

由图 4.4（4）可知，技术动荡性增加，主效应 1 对应的实线倒 U 形曲线变为短虚线和长虚线正 U 形曲线，表明相关竞争性假设 H5a1 和 H5a2 中的 H5a2 得到支持，即技术动荡性的增加会减弱度中心性对技术标准化主导能力的倒 U 形影响。进一步发现，随着外部环境的技术动荡性的增加［即图 4.4（4）中的实线变为短虚线］，度中心性对技术标准化主导能力的消极影响效应得到极大改善，变为积极影响效应。随着技术动荡性进一步增加［即图4.4（4）中的长虚线］，度中心性对技术标准化主导能力的影响效应变为正U形。该结果进一步支持了技术动荡性对企业创新的"双面性"作用（陶秋燕 等，2017），即既可以限制企业创新，也可以促进企业从动荡的环境中获取新知识，产生新的创新成果。然而，笔者进一步发现，不管技术动荡性如何变化，度中心性对技术标准化主导能力的积极影响效应始终占据主导，这一结果与陶秋燕等（2017）的结果不一致，他们认为，技术动荡性会负向调节中心度对企业创新正向关系。这种不一致产生的原因可能在于研究对象的差异。他们的研究针对中小企业，而笔者的研究聚焦于复杂装备的制造企业，二者在知识基础、协调、应变能力储备上存在较大差异。相比较而言，制造企业技术多样性、复杂性水平较高，在对动荡的技术环境应对上更有实力和经验，因此也更容易从这种动荡环境中获得创新的收益。

总的来说，从以上4个调节效应的结果来看，技术多样性的调节效应较为简单，而技术复杂性、知识产权保护强度、技术动荡性则表现出较为复杂的调节作用。从结果分析来看，技术复杂性、知识产权保护强度、技术动荡性这3个技术环境变量的"双刃剑"作用都得到很好的证实，这也进一步支持了理论分析思路的正确性和完备性。

（2）未通过检验的调节效应的进一步解释

笔者发现，技术多样性、技术复杂性、技术动荡性对主效应2（结构洞对技术标准化主导能力的倒U形影响）的调节，知识产权保护强度对主效应1（度中心性对技术标准化主导能力的倒U形影响）的调节均不显著。这可能是复杂装备标准化过程中，隐性知识的传递机制影响所致。正如王娟茹等（2011）指出，隐性知识共享是复杂装备中知识共享行为的重要组成部分，有助于新技术的组合与新方案的形成，因此，我们不能忽略其对标准化能力的影响。除了学习掌握关键技术专利等显性知识外，制造企业还要掌握技术诀窍等隐性知识（吕一博 等，2014）。隐性知识的传递依赖于紧密、可信赖关系，因此结构洞位置不利于隐性知识传播。相比之下，度数中心位置则更有利。此时，制造企业掌握多样化、复杂的显性技术，无助于其开发、获取隐性技术。另外，笔者在实证分析中对技术多样性、技术复杂性、技术动荡性这 3 个变量的测度均借助专利数据，是从显性知识的角度去刻画。由此导致技术多样性、技术复杂性、技术动荡性对主效应 2 的调节效应不显著。另外，制造企业所在区域知识产权保护强度增加，虽可降低显性知识的溢出风险，但对难以形成专利的隐性知识的泄露和转移制约力度有限，由此导致知识产权保护强度对主效应 1 的调节效应不显著。

第三节　本章小结

本章为本书的第四部分，主要研究内容如下。

第一节围绕"复杂装备制造企业的网络位置对技术标准化主导能力的影响"展开。首先，分别从网络位置的构成维度，即度中心性和结构洞，展开理论推演，分析制造企业的网络位置对它的技术标准化主导能力的影响机理，并提出相关研究假设。在机理分析过程中，采用收益—成本视角，结合两种不同类型的网络位置（度中心性和结构洞）的特征，归纳出"知识整合机制"与"影响力机制"两种影响机制。进一步发现，在度中心性影响技术标准化主导能力的过程中，上述两种机制分别产生了相关知识整合效应与声誉效应，而在结构洞影响技术标准化主导能力的过程中，上述两种机制产生了非相关知识整合效应与控制效应。其次，以中国轨道交通产业 2000—2016 年 245 家企业和科研机构专利数据构建合作创新网络，从中筛选出 30 家复杂装备制造企业，以其专利、技术标准、知识企业特征数据，以及所在区域知识产权诉讼数据样本，展开实证研究。实证结果支持研究假设，表明度中心性与结构洞均对技术标准化主导能力具有倒 U 形影响，但是二者内在机理和作用路径存在区别。

第二节围绕"复杂装备制造企业的技术环境的调节作用"展开。在调节效应机理分析的过程中，为了保持理论推演的完整性和一致性，也采用收益—成本视角，分析各个调节变量如何作用于主效应对应的收益和成本曲线，总结出相应的调节机理。首先，分析内部技术环境的 2 个构成维度，即技术多样性和技术复杂性，分别在网络位置对技术标准化主导能力影响中的调节机理提出相关研究假设；其次分析外部技术环境的 2 个构成维度，即知识产权保护强度和技术动荡性，分别在网络位置对技术标准化主导能力影响中的调节机理提出相关研究假设；最后，在上一节的实证基础上，进一步进行调节作用假设实证检验。实证结果表明：技术多样性、技术复杂性、技术动荡性均会减弱度中心性对技术标准化主导能力的倒 U 形影响，但是三种减弱效应相互间具有差别；知识产权保护强度会增强结构洞对技术标准化主导能力的倒 U 形影响；技术多样性的最终调节效应较为简单，而技术复杂性、知识产权保护强度、技术动荡性的最终调节效应则相对复杂，均在一定程度上反映出这三种技术环境变量的两面性。技术多样性、技术复杂性、技术动荡性对主效应 2（结构洞对技术标准化主导能力的倒 U 形影响）的调节，知识产权保护强度对主效应 1（度中心性对技术标准化主导能力的倒 U 形影响）的调节均不显著。

综上所述，本章主要探讨本书的第三和第四个研究问题，即"制造企业在复杂装备产业合作创新网络中的位置如何影响其技术标准化主导能力以及其内在机理""制造企业内外部技术环境因素在网络位置影响技术标准化主导能力中的调节作用机理和规律"。

第五章 结论

第一节 研究发现与重要结论

一、研究发现

本书以复杂产品系统理论、创新网络治理理论、技术标准经济分析理论、社会资本理论、知识基础理论为理论基础，综合运用共词分析法、演化博弈模型、内容分析法、社会网络分析法、计量回归分析法等研究方法，Ucinet、Pajek、Netlogo、Stata 等工具，聚焦复杂装备产业合作创新网络和复杂装备制造企业。从产业和企业两个层面展开研究，探讨了"复杂装备产业合作创新网络如何生成与演化，具有何种特征？制造企业在其中的网络位置又如何""制造企业的技术标准化主导能力是如何形成积累的，如何测度的，又受到哪些因素的影响""制造企业在复杂装备产业合作创新网络中的位置如何影响其技术标准化主导能力，以及其内在机理""制造企业内外部技术环境因素在网络位置影响技术标准化主导能力中的调节作用机理和规律"四个问题。

为了厘清上述研究问题，笔者首先以 2000—2016 年中国轨道交通产业 245 家企业及科研机构的创新合作样本数据为样本，形象展示了产业合作创新网络的生成与演化，并对网络的演化特点展开了分析，重点分析了产业创新网络的平台化机理。其次，由产业层面过渡到企业层面，对制造企业在产业合作创新网络中的位置进行了界定、刻画和测度。再次，对制造企业的技术标准化主导能力的形成机理、内涵与刻画、测度方式、影响因素等做了深入地分析，并提出了网络位置影响技术标准化主导能力的实证研究理论框架。为了探明上述实证研究框架内在机理，从收益—成本视角，结合复杂装备技术标准化的特点，分析了度中心性、结构洞各自对技术标准化主导能力的影响机理；并以内部技术环境变量（技术多样性、技术复杂性）与外部技术环境变量（知识产权保护强度、技术动荡性）为调节变量，揭示了它们对上述主效应中的收益、成本曲线的干预机理。然后，运用计量回归进行假设检验。最后，基于实证结果讨论，总结了实证研究结论。

关于第一个问题，主要研究发现如下。

第一，复杂装备产业合作创新网络主要由制造企业、组件供应商、承包商等企业和用户、科研院所、政府部门、行业协会、金融机构等主体构成。各创新主体之间通过技术合作关系、知识合作关系、商业合作关系、政治合作关系、制度合作关系等彼此连接，由此生成产业合作创新网络。

第二，产业合作创新网络的演变呈现以下特点：网络合作关系处于解散与新生的动态变化之中；网络主体的位置差异逐渐形成；网络日益呈现小世界特性；网络主体间知识流动加剧；平台模式成为网络演化的重要趋势。

第三，制造企业在网络中的核心位置明显，相比于其他类型的企业或创新主体，制造企业的度中心性程度和占据结构洞的程度均较为突出。

关于第二个问题，主要研究发现如下。

第一，制造企业的技术标准化主导能力的形成，其本质在于制造企业在复杂装备产业技术标准化过程中发挥着主导作用。

第二，制造企业的技术标准化主导能力是其主导能力的一种，是在复杂装备技术标准化过程中制造企业主导作用在能力层面的体现，采用制造企业起草标准的次数来测度。

第三，研究发现，合作创新网络是制造企业技术标准化重要的知识源，知识整合是企业资源到标准化的中间机制，技术环境是重要的权变因素。

关于第三和第四个问题，主要研究发现如下。

第一，度中心性和结构洞均对技术标准化主导能力产生倒 U 形影响，但是基于不同的内在作用机理和路径。前者主要是相关知识整合效应与声誉效应两种机制在发挥作用，后者则为非相关知识整合效应和控制效应两种机制所致。

第二，制造企业内部技术多样性、技术复杂性、外部环境的技术动荡性的增加均对结构洞影响技术标准化主导能力的调节作用不显著，却会减弱度中心性对技术标准化主导能力的倒 U 形影响。技术多样性的调节效应较为简单，而技术复杂性及技术动荡性的增加均会使得度中心性对技术标准化主导能力的正效应越发显著，并且在技术复杂性的调节下，度中心性的正效应更为显著。外部环境的知识产权保护强度的增加对度中心性影响技术标准化主导能力调节作用不显著，但会增强结构洞对技术标准化主导能力的倒 U 形影响。技术复杂性、知识产权保护强度、技术动荡性各自的调节效应较为复杂，原因在于这几个变量通常具有"双刃剑"效应。

二、重要结论

基于上述研究发现，本书的重要研究结论总结如下。

1. 目标技术标准类型与网络位置种类紧密相关

无论是在理论推演部分还是实证研究中，本书都发现了两种类型的网络位置，使得制造企业在所获资源的类别和对资源的影响力上存在差异。尤其是从所获资源的特征来看，相比较而言，度中心站位使得制造企业可便捷地获取相关的、可信赖的、专用性资源；而结构洞站位则使得制造企业更容易获得非相关、非冗余的异质性资源。结合第四章中的理论推演可以发现，相关的、专用性强的资源，更有助于制造企业积累在组件内技术标准制定中所需的知识资源；而非相关、非冗余资源则有助于制造企业获取在组件间接口技术标准制定中所需的知识资源。这也表明，制造企业要开展标准化实践工作，需要首先明确目标技术标准的种类，即究竟是属于组件内的技术标准化工作，还是组件间的接口技术标准化工作。目标技术标准种类的不同，关系到制造企业开展合作创新

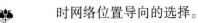

时网络位置导向的选择。

2. 最优网络位置依赖于制造企业内外部技术环境

本书实证研究发现，制造企业的度中心性和所占据的结构洞数量均对其技术标准化主导能力产生倒 U 形影响。这表明制造企业的最优网络位置具有"过犹不及"的特点，即过高的度中心性和占据过多的结构洞反而不利于制造企业技术标准化主导能力的积累。然而，通过调节效应的实证检验发现，制造企业的内部技术多样性、技术复杂性，以及所在区域的知识产权保护强度、所在行业的技术动荡程度均会对制造企业的网络位置影响技术标准化主导能力这个过程产生不同程度的调节效应。这也表明，制造企业要想提高自身的技术标准化主导能力，它的最优网络位置并不是简单的"过犹不及"问题，而是需要综合考虑它所处的内外部技术环境。

比如，本书研究结果表明，技术的多样性会减弱度中心性对技术标准化主导能力的倒 U 形影响。这意味着制造企业的多样化水平较高时，为合作伙伴资源同质化带来的"知识冗余"现象容纳能力较强。此时，更高的度中心性是此时的最优网络位置，但是此时仍然要注意"过犹不及"问题。随着制造企业的技术复杂性的增加，制造企业占据更高的度中心性仍旧是最优解。但是与技术多样性的调节有所不同的是，不断增加的技术复杂性使得上述"过犹不及"问题消解，度中心站位与技术标准化主导能力变为简单的正向影响关系。而技术动荡性的调节效应则介于技术多样性和技术复杂性的调节效应之间。在动荡的技术环境中，制造企业度中心站位的最优解仍然倾向于更高的度中心性，但是度中心性对技术标准化主导能力的影响并非是简单的正向关系，而是正负效应均存在，正效应占据主导。另外，研究发现，知识产权保护强度的增加会增强结构洞对技术标准化主导能力的影响，结合实证结果图，在知识产权保护强度较高的环境中，制造企业的结构洞站位最优解相比于低强度知识产权保护环境更小。

上述研究结果和发现，有助于制造企业管理实践，可为制造企业制定技术标准战略、确立合作战略导向、制定创新获利策略、应对技术变革等提供相应的管理建议。同时，也可为政府引导和支持产业技术标准化工作贡献可操作的政策建议。

第二节　管理启示

本书为复杂装备制造企业管理者在标准化战略实施框架下，开展网络合作创新、合理技术布局、制定创新专属机制、应对技术变革，以及提升技术标准化主导能力，提供了新的认知框架及实践启示。

一、目标技术标准类型需匹配不同种类的网络位置导向

注重开展组织间合作，建立合作关系，通过知识整合、组织间学习等行为获取主导技术标准制定所需的知识资源和影响力，是制造企业增强技术标准化主导能力的重要途径。制造企业除了致力于企业内部研发、增强技术优势外，还要注意积极搜索外部知识主体，利用外部社会资本，获取自身缺乏的、标准制定所需的必要知识，扩大在合作主体网络中的声誉和控制优势等影响力。比如，制造企业可以参加标准制定联盟、行业协会，开展合作研发等，增强自身在同行中的影响力和话语权，获取产业中的可用知识。复杂装备制造企业的技术标准化活动主要包括组件内技术标准和组件间接口技术标准两类标准的制定。目标技术标准类型不同，则制造企业在组织间合作创新网络中的站位战略导向存在差异。针对目标技术标准的类型，制造企业要匹配不同类型的关键网络位置。在选择合作伙伴之前，要了解潜在合作对象的技术领域范围，评估合作对象技术知识领域与制造企业现有知识基础涵盖的领域间的相关程度，观察它们是否已经和制造企业的其他合作伙伴建立了紧密的合作关系。对合作主体进行筛选，可以参考以下标准。

其一，当目标技术标准为组件内技术标准时，采用"度中心位置导向"，即把网络合作重心放在增加合作关系的"量"上，占据合作网络度中心位置。此时，可广泛地开展与复杂装备研发密切相关的模块供应商、科研院所、其他同类制造企业的技术合作，获取来自相关技术领域的知识源，积累在这些群体中的良好声誉，引导这些合作组织进行创新专用性投资，以此加深制造企业自身的技术深度，获取对核心模块内技

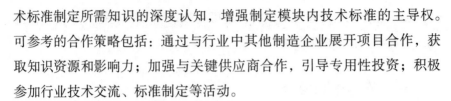

术标准制定所需知识的深度认知，增强制定模块内技术标准的主导权。可参考的合作策略包括：通过与行业中其他制造企业展开项目合作，获取知识资源和影响力；加强与关键供应商合作，引导专用性投资；积极参加行业技术交流、标准制定等活动。

其二，当目标技术标准为组件间接口技术标准时，采用"中介位置导向"。此时应注重与跨技术领域组织的合作，架起通往非相关技术领域的桥梁，加强与异质性知识的主体合作，增加合作关系的"质"，尽量避免与同质的、相关技术领域主体的合作，积极部署在合作网络中的中介位置。利用这些已有合作伙伴并不熟悉的合作组织的非相关、异质性知识，积累制定模块间接口标准所需的架构知识和影响这些非相关知识流动的控制优势和话语权，以获取在接口技术标准制定中的主导优势。

二、应结合内外部技术环境现状制定技术标准化战略决策

从理论上来讲，制造企业在实践上述中心位置导向和中介位置导向的时候，要注意将合作关系规模控制在一定范围，不能盲目过度追求。另外，正如本书的研究结果，制造企业本身的技术多样化程度、技术领域间的相互依赖关系、外部知识产权环境、产业技术变化速度和不确定性都对制造企业网络位置与技术标准化主导能力间关系具有不同程度的权变作用。因此，制造企业在实施技术标准化战略时，应结合当前自身内外部技术环境，以综合视角制定合作决策。

另外，技术环境现状会随着时间动态演变，在不同的阶段呈现差异化的状态。因此，在技术标准化决策框架下，制造企业的网络位置战略导向也并非一成不变，制造企业要根据技术环境状态及时调整和修正合作策略。

1. 善于利用复杂技术的掌控优势提升合作关系"量"的价值

当制造企业掌握的技术多样性水平较低、涉足技术领域的相互依存关系较为简单、面临的外部技术环境较为平静、较少有技术变革出现的时候，尤其要注意控制合作关系的"量"。此时不宜在相关领域建立过多的直接合作关系，要"趋利避害"，将网络资源的投入保持在动态最优水平，将知识筛选成本、技术溢出风险、路径依赖保持在可控范围。

第一，具备复杂技术掌控优势时，可积极强化"度中心位置导向"。在技术多样性水平较低时，盲目投入网络资源、追求网络地位，会让制造企业产生认知偏差，陷入"低端集成"陷阱。技术环境越复杂，与外部组织的合作越珍贵。而当制造企业技术多样性、技术复杂性水平较高时，宜在相关技术领域展开广泛的合作，增加合作关系"量"，积极寻求网络的度中心位置。尤其对于具有主导研发大型复杂装备（如 C919 大飞机、和谐号动车组等）经验的制造企业而言，它们的技术多样性、技术复杂性水平较高，这些企业通常具有强大的复杂技术优势。这类型的制造企业要想提升在技术标准化过程中的主导能力，可强化"度中心位置导向"，积极开展网络化学习与合作。

第二，在动荡性水平高的技术环境中，应积极克服核心刚性。制造企业在合作关系布局时，应注意匹配技术外部环境的动荡程度。一定程度的动荡性，有助于提升直接合作关系对技术标准化主导能力产生的价值，然而高度动荡的环境在蕴含巨大创新机会的同时，也险象环生。此时制造企业应打破员工的创新思维框架，改革现有创新模式，避免产生研发的路径依赖和核心能力刚性，以可变的企业研发和合作行为来应对动荡的环境。

第三，在合作中强化技术领域范围的拓展和复杂技术经验的积累。通过搜索外部知识主体、开展外部合作，制造企业宜有意识地加强向外部合作主体的组织学习行为，拓宽技术领域的宽度。由于制造企业主导着复杂装备的研发，因此复杂装备的技术复杂性水平高低基本上也反映了制造企业的技术复杂性水平。制造企业在攻克复杂装备研发难题的同时，也要有意识地培养员工对各个模块间复杂的技术依赖关系的认识和积累，积累处理复杂技术关系的经验，尤其加强对于那些难以显性化的技术诀窍的学习和积累。

2. 结合外部知识产权环境以提升合作关系"质"的价值

在相对完善的产权环境中应适当控制"中介位置导向"。在知识产权保护力度较低的地区，法律监管缺失，部分企业处于一种"野蛮生长"模式，此时制造企业可积极强化"中介位置导向"。但由于加强知识产权保护是维持现代经济活动开展的一个重要武器，也是现代社会发展的重要趋势，所以这种"野蛮生长"模式终将被淘汰。而在知识产权保护制度较为完善、司法执行力度较强的地区，企业在"中介位置导向"的合作关系布局时，可适当缩减对网络资源的投入，不过度接触和进入不相关、不熟悉的技术领域。

3. 结合外部产权环境设置清晰的制造企业合作创新占有机制

在知识产权保护强度较大的环境中，制造企业尤其需要提高警惕，应尽量避免和缓解因占据结构洞过多而带来的信任危机。此时，除了增加对目标合作项目的专用性投资、保持深度合作等，还应结合外部产权环境，设置清晰、合理的内部知识产权策略，明确与合作企业的创新分成，采用如签订有效的合作协议、申请版权等正式创新专有化手段，这是制造企业缓解信任危机的有效途径。

三、充分重视强关系网络对隐性知识的传递作用

复杂装备的技术标准化涉及大量的"技术诀窍"等非编码、隐性知识。复杂装备制造企业从"低端集成"向"高端智造"转变，除了要掌握关键技术专利等显性知识外，还需要掌握这些隐性知识。隐性知识的传播需要合作主体间的长期的、稳定的强关系合作行为做支撑。因此，制造企业不论是实施"度中心位置导向"还是"中介位置导向"，都可适当地鼓励合作企业间员工的技术交流活动，增加合作主体间的关系强度、加大合作频率、展开深度交流等。

以上管理启示是配合复杂装备制造企业标准化战略的合作建议，但并不局限于复杂装备制造企业，而是可以推广到具有复杂装备产业的某些特征的非复杂装备产业。比如，智能手机产业、无人驾驶汽车产业等，都极大依赖模块化合作，制造企业负责最终的技术集成和产品组装。这类产业非常重视标准化工作，涉及组件内技术标准、组件间接口技术标准两类标准。当制造企业在开展标准化合作时，可以针对标准的不同类型，选择不同的网络位置导向，开展合作创新。另外，本书对管理的启示在一定程度上，还可以覆盖传统机械、电子、材料产业。这类产业中的企业通常是以供应商的身份参与复杂装备的开发，由于它们本身在接

口技术标准化中没有太大的优势，因此应该将标准化工作的重心放在所开发组件内部的技术标准化。此时，可加强与同类型供应商的广泛合作，积累技术优势和影响力，增强自身在组件内技术标准化中的主导能力。

第三节　政策建议

本书可从政府引导、支持两个方向为政府工作提供政策建议。

一、利用政府平台优势引导产业技术标准化工作开展

1. 搭建政府平台，引导产业合作创新网络的形成

通过搭建政府平台，如吸引企业参与政府主导的大型创新合作项目、入驻产业合作园区等，引导产业合作创新网络的形成，推动产业链和创新链、机制链的融合，促进知识在创新主体间的高效流动，降低合作制定技术标准的成本。尤其可引导复杂装备产业技术标准联盟的构建，聚焦目标产品和技术，有针对性地促进知识、信息等资源的快速集聚，推动企业的知识整合。不仅如此，技术标准联盟也是企业间交流的平台，除了促进相互的知识流动，还可以扩大企业的影响力，有利于标准的制定。另外，通过联盟的构建还可以增加未来标准推广的可能性，使得标准的市场接受度更高，推广率增加。伴随着复杂装备研发性能和国际竞争力的提升，这类技术标准也更有可能受到国际认可，为国家标准化战略贡献力量。

2. 识别和鼓励制造企业等核心知识主体主导产业技术标准化

复杂装备制造业内的技术标准化关键知识主体多为相关的企业和研究所。因此，政府在引导产业标准化工作的时候，需识别这些核心的知识主体，培育更加具有竞争力的优质企业，激发产业创新活力。比如，激励制造企业、核心组件供应商、行业龙头企业等主体发挥它们的技术优势和市场影响力，主导技术标准化工作。在此基础上，鼓励外围企业和技术优势一般的企业参与标准化工作，发挥它们的协作功能，如提出对未来标准的兼容性的期望，参加标准起的意见征集、反馈等。这些都可以促进标准化工作稳定有序开展。

3. 重视复杂装备标准化工作对传统制造业的溢出效应

正如前文所说，复杂装备产业的技术领域范围广，不仅包括核心工程领域，还涉及材料、机械、电子等大规模制造业。复杂装备产业的技术标准化在一定程度上涉及这些大规模制造业的标准化工作，因此会对这些产业的发展具有一定的溢出效应。此时，政府要充分重视复杂装备产业发展对制造业的技术引领作用，打造以制造企业为主体的产业集群。另外，还可积极鼓励这些参与复杂装备研发的大规模制造企业，在政府政策、资金支持上给予它们一定的倾斜，一方面有助于配合、支持复杂装备产业发展，另一方面也可促进溢出效应的良性发展。

二、持续改善治理水平，营造良好的技术标准发展环境

政府应结合本区域内企业发展现状，持续改善自身的治理水平，营造良好的技术标准发展环境，促进技术标准的制定和推广。

1. 做好协调工作，积极应对技术的变革

技术的变革会带来标准的升级和更迭，而标准的升级换代反过来也会引起技术环境变化和动荡，这势必会造成各利益相关者之间的冲突。因此政府应充分发挥协调功能，尽量化解可能引起的冲突，降低冲突给市场环境和产业良性发展带来的不良影响。比如，制定政策、设置行业准则，避免标准战等冲突的出现，引导技术市场良性发展。

2. 完善知识产权保护制度，促进标准的推广

技术标准化是企业保护创新成果、增加创新收益的一种高级形式。无论是在标准的制定还是推广阶段，外部知识产权政策都极大地影响着企业内部的行为。营造良好的知识产权环境，是政府支持标准发展的重要工作之一。政府应不断完善知识产权政策，强化制度保证，有效地保护合作中企业的知识流动，保护企业各自的创新收益。另外，标准的推广可能会涉及专利许可等知识产权问题。尤其是在涉及标准必要专利许可的时候，在保护专利所有者的基本创新收益的基础上，政府还应注意引导这类主体的收益占有行为，规范市场秩序，一方面打击"专利权滥用"主体，另一方面设置产业规范准则，尽可能避免"专利权滥用"问题的出现，有效规范标准在市场上的推广和使用。

第四节　研究展望

本书仍存在一些不足之处。

首先，产业合作创新范围广泛，联合开发项目不一定都能形成实质性的专利成果。因此，在实证研究中，采用联合申请专利刻画组织间合作关系并生成产业合作创新网络存在一定局限性，未来应探索解决这一问题的方法。

其次，本书所关注的产业为复杂装备产业，选择的实证样本产业来源为轨道交通产业。虽然该产业的技术范围很广，但是限于制造企业的企业性质，其在产业中的数量本身有限，导致所获的制造企业样本较少。未来可将样本选择范围从轨道交通产业扩展到航空、大型船舶等复杂装备产业，增加样本数量，进一步提高研究结果的可信度。

再次，本书在网络位置影响技术标准化主导能力的理论推演过程中，发现知识整合效应和影响力机制分别发挥了一定的传导作用。可见，制造企业的知识整合和影响力是网络位置影响技术标准化主导能力的两个重要的中介变量。未来可通过实证数据来检验它们的中介效应，深度挖掘二者的中介机理。另外，还有哪些因素会在这个过程中产生中介作用，都是值得进一步探讨的。

最后，本书在理论分析过程中，涉及组件内技术标准和组件间接口技术标准两类复杂装备技术标准。但是由于数据处理过程中，区分两类标准存在专业性方面的局限，因此并未提出更加具有针对性的假设。未来可寻求方法，从数据上区分两类标准，进一步将技术标准化主导能力细分为组件内技术标准化主导能力和组件间接口技术标准化主导能力，从而使得聚焦于这两种技术标准化主导能力的针对性假设检验更具可能。

参考文献

白鸥, 刘洋, 2012. 服务业创新网络治理研究述评与展望 [J]. 外国经济与管理 (7): 69-74.

白鸥, 魏江, 斯碧霞, 2015. 关系还是契约: 服务创新网络治理和知识获取困境 [J]. 科学学研究, 33 (9): 1432-1440.

薄洪光, 刘海丰, 李龙龙, 2016. 支持复杂产品系统创新的集成制造管理研究: 以 CRRC-TRV 公司为例 [J]. 管理案例研究与评论, 9 (3): 224-235.

毕宁宁, 2017. 集群环境下企业制定技术标准的影响因素研究 [J]. 商业经济 (3): 153-154, 173.

蔡萌, 杜海峰, 任义科, 等, 2011. 一种基于点和边差异性的网络结构熵 [J]. 物理学报, 60 (11): 165-173.

曹路宝, 胡汉辉, 陈金丹, 2011. 基于 U-I 关系的高技术产业集群创新网络分析 [J]. 科学学与科学技术管理, 32 (5): 28-33.

曹永辉, 2013. 社会资本理论及其发展脉络 [J]. 中国流通经济, 27 (6): 62-67.

陈劲, 2008. 复杂产品系统创新管理 [M]. 北京: 科学出版社.

陈劲, 桂彬旺, 2006b. 复杂产品系统模块化创新流程与管理策略 [J]. 研究与发展管理 (3): 74-79, 107.

陈劲, 桂彬旺, 陈钰芬, 2006a. 基于模块化开发的复杂产品系统创新案例研究 [J]. 科研管理 (6): 1-8.

陈劲, 刘振, 2011. 开放式创新模式下技术超学习对创新绩效的影响

［J］. 管理工程学报，25（4）：1-7.

陈劲，周子范，周永庆，2005. 复杂产品系统创新的过程模型研究［J］. 科研管理，26（2）：61-67.

陈立勇，周舒凡，邹思明，等，2016. 技术多元化对企业绩效的影响［J］. 中国科技论坛（3）：88-92.

陈培祯，2019. 协作研发网络嵌入性对企业新产品开发绩效影响的研究［D］. 长沙：湖南大学.

陈培祯，曾德明，2019. 网络位置、知识基础对企业新产品开发绩效的影响［J］. 管理评论，31（11）：128-138.

陈伟，付振通，2013. 复杂产品系统创新中知识获取关键影响因素研究［J］. 情报理论与实践，36（3）：62-67.

陈晓萍，沈伟，2018. 组织于与管理研究的实证方法［M］. 3版. 北京：北京大学出版社.

陈占夺，2018. 价格和成本波动对CoPS合约方不合作行为影响的演化分析［J］. 中国管理科学，26（5）：157-168.

陈占夺，齐丽云，牟莉莉，2013. 价值网络视角的复杂产品系统企业竞争优势研究：一个双案例的探索性研究［J］. 管理世界（10）：156-169.

陈占夺，汪克夷，2007. 复杂产品系统的复杂性对知识管理的影响探讨［J］. 科学学与科学技术管理（5）：101-105.

陈占夺，汪克夷，牟莉莉，2008. 复杂产品系统中KM活动及影响因素与研发绩效关系研究［J］. 科学学研究，26（S2）：365-372.

程永波，陈洪转，何利芳，等，2016. 复杂装备主制造商-供应商主从合作激励协调Stackelberg模型［J］. 中国管理科学24（1）：91-96.

程永波，宋露露，陈洪转，等，2016. 复杂产品多主体协同创新最优资源整合策略［J］. 系统工程理论与实践，36（11）：2867-2878.

戴海闻，曾德明，张运生，2017. 标准联盟组合嵌入性社会资本对企业创新绩效的影响研究［J］. 研究与发展管理，29（2）：93-101.

党兴华，肖瑶，2015. 基于跨层级视角的创新网络治理机理研究［J］. 科学学研究，33（12）：1894-1908.

杜海峰，李树苗，MARCUS W F，等，2007. 小世界网络与无标度网络的社区结构研究 [J]. 物理学报（12）：6886-6893.

段文奇，赵良杰，陈忠，2009. 网络平台管理研究进展 [J]. 预测，28（6）：1-6.

樊霞，赵丹萍，2012. 技术属性对中小企业技术获取策略选择影响的实证研究 [J]. 科学学与科学技术管理，33（10）：129-136.

冯科，2014. 协作研发网络提升企业对技术标准制定的影响力研究 [D]. 长沙：湖南大学.

冯科，曾德明，2018. 协作研发网络结构嵌入性、技术标准集中度与技术融合 [J]. 系统工程，36（6）：1-12.

付磊，2013. 基于关键链的复杂产品研发多项目调度问题研究 [D]. 合肥：合肥工业大学.

付永刚，2012. 复杂产品系统的研发团队有效性研究 [D]. 大连：大连理工大学.

付永刚，戴大双，2012. 面向复杂产品系统的研发团队组织有效性：探索性案例研究 [J]. 管理案例研究与评论，5（6）：419-428.

高洁，糜仲春，魏久檗，2007. 企业技术创新网络治理机制研究 [J]. 科技进步与对策，24（9）：133-136.

高俊光，2012. 面向技术创新的技术标准形成路径实证研究 [J]. 研究与发展管理，24（1）：11-17.

高霞，陈凯华，2015. 合作创新网络结构演化特征的复杂网络分析 [J]. 科研管理，36（6）：28-36.

高宇，高山行，杨建君，2010. 知识共享、突变创新与企业绩效：合作背景下企业内外部因素的调节作用 [J]. 研究与发展管理，22（2）：56-63.

工业和信息化部电信研究院，2014. 移动互联网白皮书（2014 年）[R]. 北京：工业和信息化部电信研究院.

桂彬旺，2006. 基于模块化的复杂产品系统创新因素与作用路径研究 [D]. 杭州：浙江大学.

郭尉，2016. 创新开放度对企业创新绩效影响的实证研究［J］. 科研管理，37（10）：43-50.

贺俊，吕铁，黄阳华，等，2018. 技术赶超的激励结构与能力积累：中国高铁经验及其政策启示［J］. 管理世界，34（10）：191-207.

侯光文，薛惠锋，2016. 复杂产品系统产业集群协同创新演化博弈分析［J］. 求索（4）：102-106.

侯继勇，2014. 微软学徒："小米系统"背后生态链逻辑［EB/OL］.（2014-04-03）［2022-12-10］. http：//tech. sina. com. cn/i/2014-04-03/04449294979. shtml.

胡立君，王宇，2016. 技术标准与管理标准互动关系的实现机理［J］. 经济管理，38（5）：21-29.

胡晓鹏，2005. 模块化整合标准化：产业模块化研究［J］. 中国工业经济，09：67-74.

华中生，2013. 网络环境下的平台服务及其管理问题［J］. 管理科学学报，16（12）：1-12.

黄萃，苏竣，施丽萍，等，2011. 政策工具视角的中国风能政策文本量化研究［J］. 科学学研究，29（6）：876-882.

黄敏镁，2010. 基于演化博弈的供应链协同产品开发合作机制研究［J］. 中国管理科学，18（6）：155-162.

黄群慧，贺俊，2015. 中国制造业的核心能力、功能定位与发展战略：兼评《中国制造2025》［J］. 中国工业经济（6）：5-17.

黄瑶，2017. 创新网络核心企业网络能力对网络治理绩效的影响研究［D］. 哈尔滨：哈尔滨工程大学.

江鸿，吕铁，2019. 政企能力共演化与复杂产品系统集成能力提升：中国高速列车产业技术追赶的纵向案例研究［J］. 管理世界，35（5）：106-125，199.

姜波，毛道维，2011. 科技型中小企业资本结构与企业社会资本关系研究：技术创新绩效的观点［J］. 科学学与科学技术管理，32（2）：140-145.

姜坤，2011. 复杂产品开发过程中的知识创造研究［D］. 哈尔滨：哈尔滨工业大学.

姜鑫, 2018. 国际图书情报领域"科学数据"研究进展述评: 基于 SCI/SSCI 期刊论文的内容分析 [J]. 现代情报, 38 (12): 144-150.

蒋旭灿, 王海花, 彭正龙, 2011. 开放式创新模式下创新资源共享对创新绩效的影响: 环境动荡性的调节效应 [J]. 科学管理研究, 29 (3): 5-10.

李超, 李伟, 张力千, 2015. 国外新兴产业生命周期理论研究述评与展望 [J]. 科技进步与对策, 32 (2): 155-160.

李超平, 徐世勇, 2019. 管理与组织研究常用的 60 个理论 [M]. 北京: 北京大学出版社.

李春田, 2007. 模块化—标准化的高级形式: 标准化形式的与时俱进 [J]. 企业标准化 (3): 18-24.

李春田, 2012. 企业标准化战略三步曲 [J]. 北京: 中国标准出版社.

李春田, 2015. 标准化科学攻坚的战略高地 [J]. 标准科学 (2): 6-11.

李春田, 2015. 事关国家兴衰的标准化领域: 复杂产品系统的标准化 [J]. 中国质量与标准导报 (2): 27-32.

李海舰, 田跃新, 李文杰, 2014. 互联网思维与传统企业再造 [J]. 中国工业经济 (10): 135-146.

李海舰, 魏恒, 2007. 新型产业组织分析范式构建研究: 从 SCP 到 DIM [J]. 中国工业经济 (7): 29-39.

李慧, 2012. 复杂装备制造业集群技术创新过程研究: 基于核心企业视角 [J]. 情报杂志 31 (1): 190-195.

李龙一, 张炎生, 2009. 基于主导设计的技术标准形成研究 [J]. 科学学与科学技术管理, 30 (6): 37-42.

李随成, 沈洁, 2009. 面向集成解决方案的复杂产品系统企业业务转型研究 [J]. 科学学与科学技术管理, 30 (8): 139-146.

李维安, 林润辉, 范建红, 2014. 网络治理研究前沿与述评 [J]. 南开管理评论, 17 (5): 42-53.

李伟, 樊丽淑, 2010. 自主创新过程中企业专利能力的培育 [J]. 科研管理，31（5）：148-156.

李文聪，何静，董纪昌，2017. 网络嵌入视角下国内外合作对科研产出
　的影响差异：以中国干细胞研究机构为例［J］. 科学学与科学技术管
　理，38（1）：98-107.

李志刚，汤书昆，梁晓艳，等，2007. 产业集群网络结构与企业创新绩
　效关系研究［J］. 科学学研究，25（4）：777-782.

里克罗夫特，董开石，2016. 复杂性挑战：21 世纪的技术创新［M］. 李
　宁，译. 北京：北京大学出版社.

林洲钰，林汉川，邓兴华，2014. 什么决定国家标准制定的话语权：技
　术创新还是政治关系［J］. 世界经济，37（12）：140-161.

刘冰，符正平，邱兵，等，2011. 冗余资源、企业网络位置与多元化战
　略［J］. 管理学报，8（12）：1792-1801.

刘芳，2012. 社会资本对产学研合作知识转移绩效影响的实证研究［J］.
　研究与发展管理，24（1）：103-111.

刘航，2012. 基于知识视角改进的复杂产品系统创新过程研究［J］. 科
　学管理研究，30（5）：45-47.

刘江鹏，2015. 企业成长的双元模型：平台增长及其内在机理［J］. 中
　国工业经济，32（6）：148-160.

刘杰，张定康，2017. 标准化战略：领导干部必读［M］. 北京：中国标
　准出版社.

刘静，2013. 复杂产品系统集成商创新控制力研究［D］. 大连：大连理
　工大学.

刘军，2009. 整体网分析讲义-UCINET 软件实用指南［M］. 上海：上海
　人民出版社.

刘小鲁，2011. 知识产权保护、自主研发比重与后发国家的技术进步
　［J］. 管理世界（10）：10-19，187.

刘晓春，赵坚，2011. 基于项目的组织与复杂产品系统：企业能力理论
　视角的分析［J］. 经济与管理研究（4）：103-108.

刘洋，应瑛，2012. 架构理论研究脉络梳理与未来展望［J］. 外国经济

与管理（6）：76-83.

刘宇璟，黄良志，林裘绪，2019. 环境动态性、创业导向与企业绩效：管理关系的调节效应 [J]. 研究与发展管理，31（5）：89-102.

卢强，2007. 双边平台形成机制初探：以行业为例 [J]. 技术经济 26（12）：37-42.

吕铁，2005. 论技术标准化与产业标准战略 [J]. 中国工业经济（7）：43-49.

吕欣烨，2018. 基于内容分析法的"互联网+政务服务"政策研究 [D]. 成都：电子科技大学.

吕一博，赵漪博，2014. 后发复杂产品系统制造企业吸收能力的影响因素：利用扎根理论的探索性研究 [J]. 科学学与科学技术管理（5）：137-146.

马晓飞，王欣，2015. 产业创新网络治理结构与政府角色 [J]. 河南师范大学学报（哲学社会科学版），42（3）：33-36.

马续补，吕肖娟，秦春秀，等，2019. 政策工具视角下我国公共信息资源开放政策量化分析 [J]. 情报理论与实践，42（5）：46-50.

毛昊，尹志锋，张锦，2017. 策略性专利诉讼模式：基于非专利实施体多次诉讼的研究 [J]. 中国工业经济，34（2）：136-153.

钱人瑜，李智，钱振健，2015. 网络治理的研究综述与理论框架创新 [J]. 商业经济研究（2）：116-117.

钱锡红，杨永福，徐万里，2010. 企业网络位置、吸收能力与创新绩效：一个交互效应模型 [J]. 管理世界（5）：118-129.

秦鹏飞，申光龙，胡望斌，等，2019. 知识吸收与集成能力双重调节下知识搜索对创新能力的影响效应研究 [J]. 管理学报，16（2）：219-228.

任皓，邓三鸿，2002. 知识管理的重要步骤：知识整合 [J]. 情报科学，20（6）：650-653.

任胜钢，舒睿，2014. 创业者网络能力与创业机会：网络位置和网络跨度的作用机制 [J]. 南开管理评论，17（1）：123-133.

任志安，2006. 企业知识共享网络理论及其治理研究 [D]. 成都：西南交通大学.

芮明杰, 刘明宇, 2006. 网络状产业链的知识整合研究 [J]. 中国工业经济 (1)：49-55.

申静, 孟越, 杨保珠, 2014. 中国高技术服务业服务创新能力评价 [J]. 技术经济, 33 (1)：39-47.

沈冬薇, 颜士梅, 2009. 创业决策影响因素分析：基于内容分析的多案例研究 [J]. 科学管理研究, 27 (4)：76-79.

盛革, 2013. 传统制造企业向先进制造企业转型升级研究：基于模块化价值网视角 [J]. 改革与战略, 29 (4)：105-109.

盛亚, 尹宝兴, 2009. 复杂产品系统创新的利益相关者作用机理：ERP为例 [J]. 科学学研究, 27 (1)：154-160.

史金艳, 杨健亨, 李延喜, 等, 2019. 牵一发而动全身：供应网络位置、经营风险与公司绩效 [J]. 中国工业经济 (9)：136-154.

宋河发, 穆荣平, 2009. 自主创新能力及其测度方法与实证研究：以我国高技术产业为例 [J]. 科学学与科学技术管理, 30 (3)：73-80.

苏敬勤, 单国栋, 2016. 复杂产品系统企业的主导逻辑：以大连机车为例 [J]. 科研管理, 37 (6)：92-102.

苏敬勤, 刘静, 2013b. 复杂产品系统中动态能力与创新绩效关系研究 [J]. 科研管理, 34 (10)：75-83.

苏敬勤, 刘静, 2014a. 复杂产品系统创新的核心技术控制力演化：验证性多案例研究 [J]. 科学学与科学技术管理, 35 (9)：24-31.

苏涛永, 曹峰, 2017. 主导技术竞争下的磁浮交通技术市场选择研究 [J]. 科技管理研究, 37 (4)：129-134.

孙国强, 2003. 关系、互动与协同：网络组织的治理逻辑 [J]. 中国工业经济 (11)：14-20.

孙雯, 刘人境, 2023. 任务冲突对重大科学工程协同创新网络中参研人员结构嵌入性的作用机制：一个链式中介模型 [J]. 科技进步与对策, 40 (6)：4-13.

孙耀吾, 贺石中, 2013. 高技术服务创新网络开放式集成模式及演化：研究综述与科学问题［J］. 科学学与科学技术管理, 34（1）：48-55.

孙耀吾, 翟翌, 顾荃, 2013. 服务主导逻辑下移动互联网创新网络主体耦合共轭与价值创造研究［J］. 中国工业经济（10）：147-159.

孙耀吾, 2007. 基于技术标准的高技术企业技术创新网络研究［D］. 长沙：湖南大学.

孙耀吾, 常逢梅, 2012. 基于吸收能力的联盟企业知识整合"风景模型"与实证研究［J］. 软科学, 26（1）：83-86.

孙耀吾, 龚晓叶, 2017. 技术标准化主题学术关注度及共词网络演化研究［J］. 情报杂志, 36（9）：64-70, 37.

孙耀吾, 龚晓叶, 陈培祯, 2021. 复杂产品系统主制造商网络位置对其技术标准化能力的影响［J］. 管理科学, 34（5）：79-92.

孙耀吾, 胡林辉, 胡志勇, 2007. 技术标准化能力链：高技术产业技术能力研究新维度［J］. 财经理论与实践, 28（6）：95-99.

孙耀吾, 谈媛嫡, 2018. 模块化创新网络主导企业技术领导力及其结构演化研究［J］. 科技进步与对策, 35（1）：80-87.

孙耀吾, 卫英平, 2011. 基于复杂网络的高技术企业联盟知识扩散 AIDA 模型与实证研究［J］. 中国软科学（6）：130-139.

孙耀吾, 卫英平, 2011. 高技术企业联盟知识扩散研究基于小世界网络的视角［J］. 管理科学学报, 14（12）：17-26.

孙耀吾, 翟翌, 陈立勇, 2016. 平台企业主导能力及其演化：理论构架与研究逻辑［J］. 创新与创业管理（1）：17-27.

谈媛嫡, 2017. 模块化创新网络主导企业技术领导力演化研究［D］. 长沙：湖南大学.

谭云清, 马永生, 李元旭, 2013. 社会资本、动态能力对创新绩效的影响：基于我国国际接包企业的实证研究［J］. 中国管理科学（S2）：784-789.

陶秋燕, 孟猛猛, 2017. 网络嵌入性、技术创新和中小企业成长研究［J］. 科研管理（S1）：523-532.

陶晓波, 沈晓岭, 2018. 市场学习能力、技术复杂性与新产品开发绩效关系研究［J］. 科技进步与对策，35（15）：16-22.

陶忠元，夏婧，2015. 我国制造业技术标准化与技术创新互动效应：基于9类细分行业的实证研究［J］. 科技进步与对策，32（8）：61-66.

田为兴，何建敏，申其辉，2015. 标准经济学理论研究前沿［J］. 经济学动态（10）：104-115.

王程韡，李正风，2007. 基于分层演化观点的技术标准的形成机制探析［J］. 中国软科学（1）：42-48，54.

王丹丹，乐为，杨雅雯，等，2013. 嵌入性风险视角下我国新能源汽车产业技术创新网络演化研究［J/OL］. 中国管理科学：1-14［2023-01-20］. https：//doi. org/10. 16381/j. cnki. issn1003-207x. 2022. 0830.

王罡，2018. 技术学习、管理学习对自主创新的影响：技术复杂性的调节作用［J］. 科技进步与对策，35（21）：80-86.

王宏起，杨仲基，安宁，2014. 创新双螺旋视角下区域战略性新兴产业培育模式及应用研究［J］. 中国科技论坛（8）：55-59.

王欢，方志耕，2019. 制造商相对弱势格局下"主制造商—供应商"双方叫价拍卖灰博弈模型［J］. 中国管理科学，27（6）：103-112.

王京，高长元，2014. 软件产业虚拟集群创新网络演化模型及拓扑结构特征研究［J］. 管理评论（12）：29-37.

王娟茹，杨瑾，2011. 关键干系人知识共享行为影响因素研究：基于复杂产品的研发［J］. 科学学研究，2011，29（6）：900-905.

王雷，2013. 外部社会资本与集群企业创新绩效的关系：知识溢出与学习效应的影响［J］. 管理学报，10（3）：444.

王琳，赵立龙，刘洋，2015. 制造企业知识密集服务嵌入的内涵、动因及对服务创新能力作用机制［J］. 外国经济与管理，37（6）：73-82.

王珊珊，武建龙，王宏起，2013. 产业技术标准化能力的结构维度与评价指标研究［J］. 科学学与科学技术管理，34（6）：112-118.

王硕，杨蕙馨，王军，2015. 标准联盟主导企业标准创新对成员企业的影响：研发投入强度、技术距离与超常收益［J］. 经济与管理研究，36（7）：127-136.

王巍，孙笑明，崔文田，等，2019. 关系强度和结构洞对关键研发者知识扩散的影响：成长阶段的调节效应 [J]. 管理科学，32（4）：105-116.

王伟光，冯荣凯，尹博，2015. 产业创新网络中核心企业控制力能够促进知识溢出吗？[J]. 管理世界（6）：99-109.

王鑫，宋伟，罗泽胜，2016. 物联网技术标准中的专利政策制定研究 [J]. 科研管理，37（6）：120-126.

王秀丽，赵剑波，2013. 两岸产业合作与转型升级："新工业革命趋势下的管理创新与产业发展"研讨会观点综述 [J]. 中国工业经济（11）：90-95.

魏浩，巫俊，2018. 知识产权保护、进口贸易与创新型领军企业创新 [J]. 金融研究，459（9）：91-106.

魏江，李拓宇，胡胜蓉，等，2018. 专业服务业创新独占性机制及其作用机理 [J]. 科学学研究，36（2）：324-333.

魏江，王铜安，2007. 装备制造业与复杂产品系统（CoPS）的关系研究 [J]. 科学学研究（S2）：299-304.

魏江，应瑛，刘洋，2013. 研发活动地理分散性、技术多样性与创新绩效 [J]. 科学学研究，31（5）：772-779.

魏江，应瑛，刘洋，2014. 研发网络分散化，组织学习顺序与创新绩效：比较案例研究 [J]. 管理世界（2）：137-151.

文金艳，2019. 标准联盟网络结构嵌入性对企业新产品开发绩效的影响研究 [D]. 长沙：湖南大学.

吴爱华，苏敬勤，杜小军，2014. 专用性投资、知识及环境对合作创新决策的影响 [J]. 管理学报，11（4）：569-576.

吴菲菲，米兰，黄鲁成，2019. 基于技术标准的企业多主体竞合关系研究 [J]. 科学学研究，37（6）：1043-1052.

吴辉凡，许治，2010. 从创新中获利：国外创新独占性问题经验研究述评 [J]. 管理学报，7（8）：1197-1201.

吴凯，蔡虹，JEFFERSON G H，2012. 知识产权保护对经济增长的作用研究［J］.管理科学，25（3）：102-111.

吴松强，何春泉，夏管军，2019.江苏先进制造业集群：关系嵌入性、动态能力与企业创新绩效［J］.华东经济管理，33（12）：28-34.

夏维力，伍佳妮，2009.复杂产品系统创新信息生态系统的构建及分析［J］.情报杂志，28（5）：204-207，203.

谢识予，2007.经济博弈论［M］.3版.上海：复旦大学出版社.

谢永平，党兴华，孙永磊，2014.知识权力集中度、核心企业治理与网络稳定［J］.科学学与科学技术管理，35（9）：67-77.

谢永平，党兴华，张浩淼，2012.核心企业与创新网络治理［J］.经济管理（3）：60-67.

熊捷，孙道银，2017.企业社会资本、技术知识获取与产品创新绩效关系研究［J］.管理评论，29（5）：23-39.

徐露允，2018.高技术企业知识网络特征对二元式创新绩效的影响研究［D］.长沙：湖南大学.

徐露允，曾德明，陈静，2019.基于专利的知识网络结构特征演变分析：以中国汽车产业为例［J］.情报学报，38（7）：750-759.

徐露允，曾德明，张运生，2019.知识聚集、协作研发模式与探索式创新绩效：基于我国汽车产业的实证研究［J］.管理评论，31（6）：68-76.

徐向阳，陆海天，孟为，2018.风险投资与企业创新：基于风险资本专利信号敏感度的视角［J］.管理评论，30（10）：58-72.

徐艳梅，于佳丽，2010.结网、非线性创新与区域创新网络［J］.经济与管理研究（6）：77-84.

许民利，王俏，欧阳林寒，2012.食品供应链中质量投入的演化博弈分析［J］.中国管理科学，20（5）：131-141.

颜士梅，2008.内容分析方法及在人力资源管理研究中的运用［J］.软科学，22（9）：133-139.

阳银娟，陈劲，2018.企业非正式独占性机制、开放度与创新绩效关系的案例研究［J］.科技进步与对策，35（6）：70-76.

阳银娟，陈劲，2018.企业实际独占性机制对开放式创新的影响［J］.

技术经济，37（2）：2-9，76.

杨博旭，王玉荣，李兴光，2019.“厚此薄彼”还是“雨露均沾”：组织
如何有效利用网络嵌入资源提高创新绩效［J］.南开管理评论，22
（3）：201-213.

杨靓，2021.科学合作网络关系嵌入性对企业技术创新绩效的影响研究
［D］.长沙：湖南大学.

杨瑞龙，杨其静，2001.专用性、专有性与企业制度［J］.经济研究
（3）：3-11.

杨燕，高山行，2012.企业知识内化对合作中技术转移的影响研究［J］.
科研管理，33（5）：70-78.

尹建华，王兆华，2008.复杂产品模块化制造网络的运作模式研究［J］.
经济管理（6）：67-73.

应瑛，刘洋，魏江，2018.开放式创新网络中的价值独占机制：打开
“开放性”和“与狼共舞”悖论［J］.管理世界，34（2）：151-167，
195.

尤成德，刘衡，张建琦，2016.关系网络、创业精神与动态能力构建
［J］.科学学与科学技术管理，37（7）：135-147.

于涛，刘长玉，2016.政府与第三方在产品质量监管中的演化博弈分析及
仿真研究［J］.中国管理科学，24（6）：90-96.

余泳泽，2015.中国区域创新活动的“协同效应”与“挤占效应”：基
于创新价值链视角的研究［J］.中国工业经济（10）：37-52.

余长春，赵晓宁，刑小明，2016.服务模块化与制造模块化的差异性解
析［J］.江西财经大学学报（6）：48-55.

俞科女，2015.复杂产品系统创新网络的集成商控制力研究［D］.杭州：
浙江工商大学.

喻小军，江涛，2006.复杂产品系统的技术创新及其风险分析［J］.科
技进步与对策（9）：31-33.

袁信，王国顺，2007.高科技企业融入跨国创新网络的模式研究［J］.
中国科技论坛（7）：46-50.

曾德明，戴海闻，张裕中，2016. 基于网络结构与资源禀赋的企业对标准化影响力研究 [J]. 管理学报，13（1）：59.

曾德明，邹思明，张运生，2015. 网络位置、技术多元化与企业在技术标准制定中的影响力研究 [J]. 管理学报，12（2）：198-206.

翟莉莉，2011. 政府采购对复杂产品系统创新绩效影响的实证研究 [D]. 哈尔滨：哈尔滨工业大学.

张宝建，胡海青，张道宏，2011. 企业创新网络的生成与进化：基于社会网络理论的视角 [J]. 中国工业经济（4）：117-126.

张宝建，孙国强，裴梦丹，等，2015. 网络能力、网络结构与创业绩效：基于中国孵化产业的实证研究 [J]. 南开管理评论，18（2）：39-50.

张光曦，2013. 如何在联盟组合中管理地位与结构洞？MOA 模型的视角 [J]. 管理世界，29（11）：89-100，129.

张国峥，王娟茹，2011. 航空复杂产品研发团队知识集成能力评价 [J]. 情报杂志，30（1）：117-121，108.

张利飞，张运生，2013. 智能手机产业操作系统平台竞争战略研究 [J]. 中国软科学（4）：148-158.

张利飞，吕晓思，张运生，2014. 创新生态系统技术依存结构对企业集成创新竞争优势的影响研究 [J]. 管理学报，11（2）：229-237.

张亮，任立肖，2014. 城市智能化与低碳创新的双螺旋联动机制 [J]. 科技进步与对策（4）：30-35.

张墨，陈恒，2018. 企业开放式创新与独占性机制耦合评价研究 [J]. 科技进步与对策，35（11）：131-138.

张平，马骁，2002. 标准化与知识产权战略 [M]. 2 版. 北京：知识产权出版社.

张琰，2008. 模块化分工条件下网络状产业链中知识创新研究 [D]. 上海：复旦大学.

张运生，何瑞芳，2015. 高科技企业技术标准竞争优势形成机理研究 [J]. 财经理论与实践，36（4）：126-130.

张运生，田继双，2011. 高科技企业创新生态系统合作伙伴选择研 [J].

科技与经济, 24 (5): 21-26.

章丹, 胡祖光, 2013. 网络结构洞对企业技术创新活动的影响研究 [J].
科研管理, 34 (6): 34-41.

仉建涛, 王文剑, 2004. 资本的专用性、专有性特征与公司治理机制
[J]. 经济经纬 (3): 14-17.

赵公民, 王仰东, 闫莹, 2013. 基于社会网络的高技术服务质量研究 [J].
科技进步与对策, 30 (8): 78-82.

赵海军, 2007. 论标准经济学 [J]. 广东财经大学学报 (1): 4-7.

周国华, 田顺年, 2018. 复杂产品系统网络开发与企业生产经营: 超网
络分析 [J]. 软科学, 32 (12): 121-126, 135.

周文, 赵炎, 2011. 复杂创新网络的小世界效应研究: 一个整合社会资
本与结构洞的视角 [C] //中国科技政策与管理学术年会.

周永庆, 陈劲, 景劲松, 2004. 复杂产品系统的创新过程研究: 以 HL 公
司大型电站集散控制系统为例 [J]. 经济管理 (14): 4-10.

朱建民, 史旭丹, 2015. 产业集群社会资本对创新绩效的影响研究: 基
于产业集群生命周期视角 [J]. 科学学研究, 33 (3): 449-459.

朱瑞博, 2003. 价值模块整合与产业融合 [J]. 中国工业经济 (8): 24-31.

邹思明, 2015. 网络嵌入性社会资本对企业技术标准化能力的影响研究
[D]. 长沙: 湖南大学.

邹思明, 曾德明, 张利飞, 等, 2017. 网络关系、技术多元化与企业技
术标准化能力 [J]. 科研管理, 38 (9): 12-20.

ABERNATHY W J, UTTERBACK J M, 1978. Patterns of innovation in tech-
nology [J]. Technology review, 80 (7): 40-47.

ABRELL T, BENKER A, PIHLAJAMAA M, 2018. User knowledge utilization
in innovation of complex products and systems: An absorptive capacity per-
spective [J]. Creativity and innovation management, 27 (2): 169-182.

ACHA V, DAVIES A, HOBDAY M, et al., 2004. Exploring the capital goods
economy: complex product systems in the UK [J]. Industrial and corporate
change, 13 (3): 505-529.

AHERN T, LEAVY B, BYRNE P J, 2014. Complex project management as complex problem solving: A distributed knowledge management perspective [J]. International journal of project management, 32 (8): 1371-1381.

AHUJA G, 2000. Collaboration networks, structural holes, and innovation: A longitudinal study [J]. Administrative science quarterly, 45 (3): 425-455.

AKTAMOV S, 2014. Impact of technological diversity on innovation performance in Chinese automobile industry [J]. European journal of business & management, 6 (8): 1-8.

ALBLAS A A A, WORTMANN J C H, 2014. Function-technology platforms improve efficiency in high-tech equipment manufacturing [J]. International journal of operations & production management, 34 (4): 447-476.

ANDERSON P, 1999. Perspective: Complexity theory and organization science [J]. Organization science, 10 (3), 216-232.

APPIO F P, LACOSTE S, 2019. B2B relationship management in complex product systems (CoPS) [J]. Industrial marketing management (79): 53-57.

BALDWIN C Y, CLARK K B, 1997. Managing in an age of modularity [J]. Harvard business review, 84-93.

BALDWIN C, MACCORMACK A, RUSNAK J, 2014. Hidden structure: Using network methods to map system architecture [J]. Research policy, 43 (8): 1381-1397.

BARON J, MÉNIÈRE Y, POHLMANN T, 2014. Standards, consortia, and innovation [J]. International journal of industrial organization (36): 22-35.

BEKKERS R, BONGARD R, NUVOLARI A, 2011. An empirical study on the determinants of essential patent claims in compatibility standards [J]. Researchpolicy, 40 (7): 1001-1015.

BEKKERS R, DUYSTERS G, VERSPAGEN B, 2002. Intellectual property rights, strategic technology agreements and market structure: The case of GSM [J]. Researchpolicy, 31 (7): 1141-1161.

BEKKERS R, IVERSEN E, BLIND K, 2012. Emerging ways to address the

参
考
文
献

reemerging conflict between patenting and technological standardization [J].
Industrial and corporate change, 21 (4): 901-931.

BERGER F, BLIND K, THUMM N, 2012. Filing behaviour regarding essential patents in industry standards [J]. Research policy, 41 (1): 216-225.

BLIND K, 2001. The impacts of innovations and standards on trade of measurement and testing products: Empirical results of Switzerland's bilateral trade flows with Germany, France and the UK [J]. Information economics & policy, 13 (4): 439-460.

BLIND K, 2004. The economics of standards [J]. Social science electronic publishing, 39 (3): 191-210.

BLIND K, THUMM N, 2004. Interrelation between patenting and standardisation strategies: Empirical evidence and policy implications [J]. Research policy, 33 (10): 1583-1598.

BONACCORSI A, ROSSI C, 2003. Why open source software can succeed [J]. Research policy, 32 (7): 1243-1258.

BREM A, NYLUND P A, SCHUSTER G, 2016. Innovation and de facto standardization: The influence of dominant design on innovative performance, radical innovation, and process innovation [J]. Technovation, 50-51: 79-88.

BRUSONI S, PRENCIPE A, 2001a. Unpacking the black box of modularity: technologies, products and organizations [J]. Industrial and corporate change, 10 (1): 179-205.

BRUSONI S, PRENCIPE A, PAVITT K, 2001b. Knowledge specialization, organizational coupling, and the boundaries of the firm: Why do firms know more than they make? [J]. Administrative science quarterly, 46 (4): 597-621.

BURT Ronald S, 1992. Structural holes: The social structure of competition [M]. Cambridge, MA: Harvard University Press.

CABIGIOSU A, CAMUFFO A, 2012. Beyond the "mirroring" hypothesis: Product modularity and interorganizational relations in the air conditioning industry [J]. Organization science, 23 (3): 686-703.

CABIGIOSU A, ZIRPOLI F, CAMUFFO A, 2013. Modularity, interfaces definition and the integration of external sources of innovation in the automotive industry [J]. Research policy, 42 (3): 662-675.

CARNABUCI G, OPERTI E, 2013. Where do firms' recombinant capabilities come from? Intraorganizational networks, knowledge, and firms' ability to innovate through technological recombination [J]. Strategic management journal, 34 (13): 1591-1613.

CASSIMAN B, VEUGELERS R, 2006. In search of complementarity in innovation strategy: Internal R&D and external knowledge acquisition [J]. Management science, 52 (1): 68-82.

CENNAMO C, SANTALO J, 2013. Platform competition: strategic trade-offs in platform markets [J]. Strategic Management journal, 34 (11): 1331-1350.

CHEN J, TONG L, NGAI E W T, 2007. Inter-organizational knowledge management in complex products and systems [J]. Journal of technology management in China, 2 (2): 134-144.

CHEN K M, LIU R J, 2005. Interface strategies in modular product innovation [J]. Technovation, 25 (7): 771-782.

CHEN P Y, FORMAN C, 2006. Can vendors influence switching costs and compatibility in an environment with open standards? [J]. MIS quarterly, 30 (3): 541-562.

CLYMER N, ASABA S, 2008. A new approach for understanding dominant design: The case of the ink-jet printer [J]. Journal of engineering & technology management, 25 (3): 137-156.

CRESPIN-MAZET F, ROMESTANT F, SALLE R, 2019. The co-development of innovative projects in CoPS activities [J]. Industrial marketing management (79): 71-83.

CUSUMANO M A, GAWER A, 2002. The elements of platform leadership [J]. IEEE engineering management review, 43 (1): 8-8.

DAVIES A, BRADY T, 1998. Policies for a complex product system [J]. Futures, 30 (4): 293-304.

DAVIES A, BRADY T, 2000. Organisational capabilities and learning in complex product systems: Towards repeatable solutions [J]. Research policy, 29 (7-8): 931-953.

DAVIES A, BRADY T, PRENCIPE A, et al., 2011. Innovation in complex products and systems: Implications for project-based organizing [J]. Advances in strategic management, 28 (1): 3-26.

DEDEHAYIR O, NOKELAINEN T, MÄKINEN S J, 2014. Disruptive innovations in complex product systems industries: A case study [J]. Journal of engineering and technology management (33): 174-192.

EISENMANN T, PARKER G, VAN ALSTYNE M, 2011. PLATFORM ENVELOPMENT [J]. Strategic management journal, 32 (12): 1270-1285.

ETHIRAJ S K, LEVINTHAL D, 2004. Modularity and innovation in complex systems [J]. Management science, 50 (2): 159-173.

FANG R, LANDIS B, ZHANG Z, et al., 2015. Integrating personality and social networks: A meta-analysis of personality, network position, and work outcomes in organizations [J]. Organization science, 26 (4): 1243-1260.

FERNHABER S A, PATEL P C, 2012. How do young firms manage product portfolio complexity? The role of absorptive capacity and ambidexterity [J]. Strategic management journal, 33 (13): 1516-1539.

FERRERAS-MÉNDEZ J L, FERNANDEZ-MESA A, ALEGRE J, 2016. The relationship between knowledge search strategies and absorptive capacity: A deeper look [J]. Technovation (54): 48-61.

FERRERAS-MÉNDEZ J L, NEWELL S, FERNÁNDEZ-MESA A, et al., 2015. Depth and breadth of external knowledge search and performance: The mediating role of absorptive capacity [J]. Industrial marketing management, 47: 86-97.

FLEMING L, SORENSON O, 2001. Technology as a complex adaptive system:

evidence from patent data [J]. Research policy, 30 (7): 1019-1039.

FLEURY A, FLEURY M T, 2007. The evolution of production systems and conceptual frameworks [J]. Journal of manufacturing technology management, 18 (8): 949-965.

FOSS N J, 1996a. More critical comments on knowledge-based theories of the firm [J]. Organization science, 7 (5): 519-523.

FOSS N J, 1996b. Knowledge-based approaches to the theory of the firm: Some critical comments [J]. Organization science, 7 (5): 470-476.

FREEMAN C, 1991. Network ofinnovators: A synthesis of research issues [J]. Research policy, 20 (5): 499-514.

FURLAN A, CABIGIOSU A, CAMUFFO A, 2014. When the mirror gets misted up: Modularity and technological change [J]. Strategic management journal, 35 (6): 789-807.

GALLAUGHER J M, WANG Y M, 2002. Understanding network effects in software markets: Evidence from web server pricing [J]. MISquarterly, 26 (4): 303-327.

GALUNIC D C, EISENHARDT K Ml, 2001. Architectural innovation and modular corporate forms [J]. Academy of management journa, 44 (6): 1229-1249.

GANCO M, 2013. Cutting the Gordian knot: The effect of knowledge complexity on employee mobility and entrepreneurship [J]. Strategic management journal, 34 (6): 666-686.

GANN D M, SALTER A J, 2000. Innovation in project-based, service-enhanced firms: the construction of complex products and systems [J]. Research policy, 29 (7-8): 955-972.

GAWER A, 2014. Bridging differing perspectives on technological platforms: Toward an integrative framework [J]. Researchpolicy, 43 (7): 1239-1249.

GAWER A, HENDERSON R, 2007. Platform owner entry and innovation in complementary markets: Evidence from Intel [J]. Journal of economics &

management strategy, 16（1）: 1-34.

GILSING V A, CLOODT M, BERTRAND-CLOODT D, 2016. What makes you more central? Antecedents of changes in betweenness-centrality in technology-based alliance networks［J］. Technological forecasting and social change（111）: 209-221.

GLOET M, TERZIOVSKI M, 2004. Exploring the relationship between knowledge management practices and innovation performance［J］. Journal of manufacturing technology management, 15（5）: 402-409.

GRANT R M, 1996. Toward a knowledge-based theory of the firm［J］. Strategic management journal, 17（S2）: 109-122.

HAANS R F J, PIETERS C, HE Z L, 2016. Thinking about U: Theorizing and testing U－and inverted U－shaped relationships in strategy research ［J］. Strategic management journal, 37（7）: 1177-1195.

HANSEN K L, RUSH H, 1998. Hotspots in complex product systems: Emerging issues in innovation management ［J］. Technovation, 18（8-9）: 555-561.

HANSEN M T, 2002. Knowledge networks: Explaining effective knowledge sharing in multiunit companies ［J］. Organization science, 13（3）: 232-248.

HENKEL J, BALDWIN C Y, SHIH W, 2013. IP Modularity: Profiting from innovation by aligning product architecture with intellectual property ［J］. California management review, 55（4）: 65-82.

HOBDAY M, 1998. Product complexity, innovation and industrial organization ［J］. Research policy, 26（6）: 689-710.

HOBDAY M, 2000. The project-based organisation: An ideal form for managing complex products and systems? ［J］. Research policy, 29（7-8）: 871-893.

HOBDAY M, RUSH H, TIDD J, 2000. Innovation in complex products and systems ［J］. Research policy, 29（7-8）: 793-804.

HOFER A P, HALMAN J I M, 2005. The potential of layout platforms for modular complex products and systems ［J］. Journal of engineering design,

16 (2): 237-255.

HOSSAIN T, MINOR D, MORGAN J, 2011. Competing matchmakers: An experimental analysis [J]. Management science, 57 (11): 1913-1925.

HOVAV A, HEMMERT M, KIM Y J, 2011. Determinants of internet standards adoption: The case of South Korea [J]. Research policy, 40 (2): 253-262.

INKPEN A C, TSANG E W K, 2005. Social capital, networks, and knowledge transfer [J]. Academy of management review, 30 (1): 146-165.

JONES C, HESTERLY W S, BORGATTI S P, 1997. A general theory of network governance: Exchange conditions and social mechanisms [J]. Academy of managementreview, 22 (4): 911-945.

KAA G V D, ENDE J V D, VRIES H J D, et al., 2011. Factors for winning interface format battles: A review and synthesis of the literature [J]. Technological forecasting & social change, 78 (8): 1397-1411.

KANG B, MOTOHASHI K, 2015. Essential intellectual property rights and inventors' involvement in standardization [J]. Researchpolicy, 44 (2): 483-492.

KARANDIKAR H, NIDAMARTHI S, 2007. Implementing a platform strategy for a systems business via standardization [J]. Journal of manufacturing technology management, 18 (3): 267-280.

KASH D E, RYCOFT R W, 2000. Patterns of innovating complex technologies: a framework for adaptive network strategies [J]. Researchpolicy, 29 (7-8): 819-831.

KATZ M L, SHAPIRO C, 1985. Network externalities, competition, and compatibility [J]. American economic review, 75 (3): 424-440.

KIAMEHR M, HOBDAY M, HAMEDI M, 2015. Latecomer firm strategies in complex product systems (CoPS): The case of Iran's thermal electricity generation systems [J]. Researchpolicy, 44 (6): 1240-1251.

KOGUT B, ZANDER U, 1992. Knowledge of the firm, combinative capabili-

ties, and the replication of technology [J]. Organization science, 3 (3):
383-397

KOGUT B, ZANDER U, 1996. What firms do? Coordination, identity, and
learning [J]. Organization science, 7 (5): 502-518.

KOKA B R, PRESCOTT J E, 2008. Designing alliance networks: the influ-
ence of network position, environmental change, and strategy on firm per-
formance [J]. Strategic management journal, 29 (6): 639-661.

KÖNIG M D, BATTISTON S, NAPOLETANO M, et al., 2011. Recombinant
knowledge and the evolution of innovation networks [J]. Journal of econom-
ic behavior & organization, 79 (3): 145-164.

KUDE T, DIBBERN J, HEINZL A, 2012. Why do complementors partici-
pate? An analysis of partnership networks in the enterprise software industry
[J]. Engineering management, 59 (2): 250-265.

LANDRY R, AMARA N, LAMARI M, 2002. Does social capital determine
innovation? To what extent?   [J]. Technological forecasting and social
change, 69 (7): 681-701.

LAU A K W, YAM R, TANG E, 2011. The impact of product modularity on
new product performance: Mediation by product innovativeness [J]. Jour-
nal of product innovation management, 28 (2): 270-284.

LEE C Y, WANG M C, HUANG Y C, 2015. The double-edged sword of tech-
nological diversity in R&D alliances: Network position and learning speed as
moderators [J]. European management journal, 33 (6): 450-461.

LEE J J, YOON H, 2015. A comparative study of technological learning and
organizational capability development in complex products systems: Distinc-
tive paths of three latecomers in military aircraft industry [J]. Researchpoli-
cy, 44 (7): 1296-1313.

LEE S M, KIM T, NOH Y, et al., 2010. Success factors of platform leader-
ship in web 2.0 service business [J]. Service business, 4 (2): 89-103.

LEIPONEN A E, 2008. Competing through cooperation: The organization of standard setting in wireless telecommunications [J]. Managementscience, 54 (11): 1904-1919.

LEIPONEN A, HELFAT C E, 2010. Innovation objectives, knowledge sources, and the benefits of breadth [J]. Strategic management journal, 31 (2): 224-236.

LEVINTHAL D A, 1997. Adaptation on rugged landscapes [J]. Management science, 43 (7): 934-950.

MACCORMACK A, BALDWIN C, RUSNAK J, 2012. Exploring the duality between product and organizational architectures: A test of the "mirroring" hypothesis [J]. Research policy, 41 (8): 1309-1324.

MAJIDPOUR M, 2016. Technological catch-up in complex product systems [J]. Journal of Engineering and Technology Management (41) : 92-105.

MALM A, BOUCHARD M, DECORTE T, et al., 2017. More structural holes, more risk? Network structure and risk perception among marijuana growers [J]. Social Networks, 51: 127-134.

MCFADYEN M A, CANNELLA JR A A, 2004. Social capital and knowledge creation: Diminishing returns of the number and strength of exchange rela-tionships [J]. Academy of management Journal, 47 (5): 735-746.

MCNAMARA G M, LUCE R A, TOMPSON G H, 2002. Examining the effect of complexity in strategic group knowledge structures on firm performance [J]. Strategic management journal, 23 (2): 153-170.

MEYER M H, CURLEY K F, 1991. An applied framework for classifying the complexity of knowledge-based systems[J]. MIS quarterly, 15 (4): 455-472.

MILLER R, HOBDAY M, LEROUX-DEMERS T, et al., 1995. Innovation in complex systems industries: The case of flight simulation [J]. Industrial and corporate change, 4 (2): 363-400.

MINGUELA-RATA B, RODRÍGUEZ-BENAVIDES M C, LÓPEZ-SÁNCHEZ J I, 2012. Knowledge complexity, absorptive capacity and weak ties [J]. Journal of manufacturing technology management, 23 (5): 578-592.

MOR R S, BHARDWAJ A, SINGH S, et al., 2018. Productivity gains through standardization-of-work in a manufacturing company [J]. Journal of manufacturing technology management, 30 (6): 899-919.

NAGHIZADEH M, MANTEGHI M, RANGA M, et al., 2017. Managing integration in complex product systems: The experience of the IR-150 aircraft design program [J]. Technological forecasting & social change, 122: 253-261.

NAHAPIET J, GHOSHAL S, 1998. Social capital, intellectual capital, and the organizational advantage [J]. Academy of management review, 23 (2): 242-266.

NARAYANAN V K, CHEN T, 2012. Research on technology standards: Accomplishment and challenges [J]. Researchpolicy, 41 (8): 1375-1406.

NGAI E W T, JIN C, LIANG T, 2008. A qualitative study of inter-organizational knowledge management in complex products and systems development [J]. R&Dmanagement, 38 (4): 421-440.

NICKERSON J A, ZENGER T R, 2004. A knowledge-based theory of the firm: The problem-solving perspective [J]. Organization science, 15 (6): 617-632

NIELSEN B B, 2005. The role of knowledge embeddedness in the creation of synergies in strategic alliances [J]. Journal of business research, 58 (9): 1194-1204.

NOVAK S, EPPINGER S D, 2001. Sourcing by design: Product complexity and the supply chain [J]. Management science, 47 (1): 189-204.

OFOEGBU C, NEW M G, STALINE K, 2018. The effect of inter-organisational collaboration networks on climate knowledge flows and communication to pastoralists in Kenya [J]. Sustainability, 10 (11): 1-23.

OSHRI I, NEWELL S, 2005. Component sharing in complex products and systems: Challenges, solutions, and practical implications [J]. IEEE transactions on engineering management, 52 (4): 509-521.

PAO M L, 1978. Automatic text analysis based on transition phenomena of

创新网络位置对技术标准化主导能力影响实证研究

基于中国复杂装备制造业

word occurrences [J]. Journal of the American society for information science, 29 (3): 121-124.

PARK S H, LUO Y, 2001. Guanxi and organizational dynamics: Organizational networking in Chinese firms [J]. Strategic management journal, 22 (5): 455-477.

PARK T Y , JI I, 2015. From mass production to complex production: Case of the Korean telecom equipment sector [J]. Asia–Pacific journal of accounting & economics, 22 (1): 78-102.

PARK T Y, KIM J Y, 2014. The capabilities required for being successful in complex product systems: Case study of Korean e-government [J]. Asian journal of technology innovation, 22 (2): 268-285.

PARKER G G, ALSTYNE M W V, 2005. Two-sided network effects: A theory of information product design [J]. Management Science , 51 (10): 1494-1504.

PEINE A, 2008. Technological paradigms and complex technical systems: The case of smart homes [J]. Research policy, 37 (3): 508-529.

PÉREZ-LUÑO A, MEDINA C C, LAVADO A C, et al., 2011. How social capital and knowledge affect innovation [J]. Journal of business research, 64 (12): 1369-1376.

PERSSON M, ÅHLSTRÖM P, 2006. Managerial issues in modularising complex products [J]. Technovation, 26 (11): 1201-1209.

PODOLNY J M, BARON J N, 1997. Resources and relationships: Social networks and mobility in the workplace [J]. American sociological review, 673-693.

POLIDORO JR F, AHUJA G, MITCHELL W, 2011. When the social structure overshadows competitive incentives: The effects of network embeddedness on joint venture dissolution [J]. Academy of management journal, 54 (1): 203-223.

PON B, SEPPÄLÄ T, KENNEY M, 2014. Android and the demise of operat-

参
考
文
献

ing system-based power: firm strategy and platform control in the post-PC-world [J]. Telecommunications policy, 38 (11): 979-991.

PRASAD A, VENKATESH R, MAHAJAN V, 2010. Optimal bundling of technological products with network externality [J]. Managementscience, 56 (12): 2224-2236.

PRENCIPE A, 2000. Breadth and depth of technological capabilities in CoPS: The case of the aircraft engine control system [J]. Research policy, 29 (7): 895-911.

RANGANATHAN R, ROSENKOPF L, 2014. Do ties really bind? The effect of knowledge and commercialization networks on opposition to standards [J]. Academy of management journal, 57 (2): 515-540.

REINHOLT M I A, PEDERSEN T, FOSS N J, 2011. Why a central network position isn't enough: The role of motivation and ability for knowledge sharing in employee networks [J]. Academy of management journal, 54 (6): 1277-1297.

RIVKIN J W, SIGGELKOW N, 2002. Organizational sticking points on NK landscapes [J]. Complexity, 7 (5): 31-43.

ROCHET J C, TIROLE J, 2003. Platform competition in two-sided markets [J]. Journal of the European economic association, 1 (4): 990-1029.

ROEHRICH J K, DAVIES A, FREDERIKSEN L, et al., 2019. Management innovation in complex products and systems: The case of integrated project teams [J]. Industrial marketing management, 79: 84-93.

RYSMAN M, SIMCOE T, 2008. Patents and the performance of voluntary standard-setting organizations[J]. Management science, 54(11): 1920-1934.

SAFDARI RANJBAR M, PARK T Y, KIAMEHR M, 2018. What happened to complex product systems literature over the last two decades: Progresses so far and path ahead [J]. Technology analysis & strategic management, 30 (8): 948-966.

SAVINO T, MESSENI PETRUZZELLI A, ALBINO V, 2017. Search and recombination process to innovate: A review of the empirical evidence and a research agenda [J]. International journal of management reviews, 19 (1): 54-75.

SCHILLING M A, 2002. Technology success and failure in winner-take-all markets: The impact of learning orientation, timing, and network externalities [J]. Academy of management journal, 2002, 45 (2): 387-398.

SHENHAR A J, HOLZMANN V, MELAMED B, et al., 2016. The challenge of innovation in highly complex projects: What can we learn from Boeing's Dreamliner experience? [J]. Project Management Journal, 47 (2): 62-78.

SHI X, ZHANG Q, ZHENG Z, 2019. The double-edged sword of external search in collaboration networks: Embeddedness in knowledge networks as moderators [J]. Journal of knowledge management, 23 (10): 2135-2160.

SHIU J M, YASUMOTO M, 2017. Investigating knowledge spillovers under standardization: The examination of the patent-citation networks in the mobile telecommunication industry [J]. Journal of management policy and practice, 18 (2): 81-104.

SIGGELKOW N, RIVKIN J W, 2005. Speed and search: Designing organizations for turbulence and complexity [J]. Organizationscience, 16 (2): 101-122

SIMON H A, 1962. The architecture of complexity [J]. Proceedings of the American philosophical society, 106: 467-82.

SINGH K, 1997. The impact of technological complexity and interfirm cooperation on business survival [J]. Academy of management journal, 40 (2): 339-367.

SMITH-DOERR L, MANEV I M, RIZOVA P, 2004. The meaning of success: network position and the social construction of project outcomes in an R&D lab [J]. Journal of engineering and technology management, 21 (1-2): 51-81.

SOH P H, 2010. Network patterns and competitive advantage before the emer-

gence of a dominant design [J]. Strategic Management journal, 31 (4):
438-461.

SONG M, BENEDETTO C, PARRY M E, 2010. Market information and new
venture performance: Differences between established and emerging tech-
nology standards [J]. Engineeringmanagement, 57 (1): 22-38.

SONG M, DROGE C, HANVANICH S, et al., 2010. Marketing and technology
resource complementarity: An analysis of their interaction effect in two envi-
ronmental contexts [J]. Strategic management journal, 26 (3): 259-276.

SRINIVASAN A, VENKATRAMAN N, 2010. Indirect network effects and
platform dominance in the video game industry: A network perspective
[J]. Engineeringmanagement, 57 (4): 661-673.

STUART T E, 1998. Network positions and propensities to collaborate: An
investigation of strategic alliance formation in a high-technology industry
[J]. Administrative science quarterly, 668-698.

SUAREZ F F, 2004. Battles for technological dominance: An integrative
framework [J]. Research policy, 33 (2): 271-286.

SUN Y, YI Z, 2018. Mapping the knowledge domain and the theme evolution
of appropriability research between 1986 and 2016: A scientometric review
[J]. Scientometrics, 116 (1): 203-230.

SUN Y, GONG X, 2020. Superior position equal to greater influence? The
moderating role of technological complexity. Journal of manufacturing tech-
nology management, 31 (7): 1457-1480.

TASSEY G, 2000. Standardization in technology-based markets [J]. Re-
search policy, 29 (4-5): 587-602.

TEECE D J, 1986. Profiting from technological innovation: Implications for
integration, collaboration, licensing and public policy [J]. Researchpolicy,
15 (6): 285-305.

TOH P K, MILLER C D, 2017. Pawn to save a chariot, or drawbridge into
the fort? Firms' disclosure during standard setting and complementary tech-

nologies within ecosystems [J]. Strategic management journal, 38 (11):
2213-2236.

TSAI W, 2001. Knowledge transfer in intraorganizational networks: Effects of
network position and absorptive capacity on business unit innovation and per-
formance [J]. Academy of management journal, 44 (5): 996-1004.

UTTERBACK J M, ABERNATHY W J. 1975. A dynamic model of process
and product innovation [J]. Omega, 3 (6): 639-656.

VAN RIEL A C R, LEMMINK J, OUWERSLOOT H, 2004. High-technology
service innovation success: A Decision-Making perspective [J]. Journal of
product innovation management, 21 (5): 348-359.

VAN RIJNSOEVER F J, VAN DEN BERG J, KOCH J, et al., 2015. Smart inno-
vation policy: How network position and project composition affect the diversity
of an emerging technology [J]. Researchpolicy, 44 (5): 1094-1107.

VENKATRAMAN N, LEE C H, 2004. Preferential linkage and network evo-
lution: A conceptual model and empirical test in the US vIDEO gAME sEc-
tor [J]. Academy of management journal, 47 (6): 876-892.

VIARD V B, ECONOMIDES N, 2014. The effect of content on global internet
adoption and the global "digital divide" [J]. Management science, 61
(3): 665-687.

WADHWA A, BODAS FREITAS I M, SARKAR M B, 2017. The paradox of
openness and value protection strategies: Effect of extramural R&D on inno-
vative performance [J]. Organization science, 28 (5): 873-893.

WAGUESPACK D M, FLEMING L, 2009. Scanning thecommons? Evidence
on the benefits to startups participating in open standards development [J].
Management science, 55 (2): 210-223.

WANG H, CHEN W R, 2010. Is firm-specific innovation associated with
greater value appropriation? The roles of environmental dynamism and tech-
nological diversity [J]. Researchpolicy, 39 (1): 141-154.

WANG Q, VON TUNZELMANN N, 2000. Complexity and the functions of the firm: Breadth and depth [J]. Research policy, 29 (7-8): 805-818.

XIE Z, HALL J, MCCARTHY I P, et al., 2016. Standardization efforts: The relationship between knowledge dimensions, search processes and innovation outcomes [J]. Technovation, 48: 69-78.

XIE Z, LI J, 2018. Exporting and innovating among emerging market firms: The moderating role of institutional development [J]. Journal of international business studies, 49 (2): 1-24.

XU X, VENKATESH V, TAM K Y, et al., 2010. Model of migration and use of platforms: Role of hierarchy, current generation, and complementarities in consumer settings [J]. Management science, 56 (8): 1304-1323.

YAYAVARAM S, CHEN W R, 2015. Changes in firm knowledge couplings and firm innovation performance: The moderating role of technological complexity [J]. Strategic management journal, 36 (3): 377-396.

YAYAVARAM S, SRIVASTAVA M K, SARKAR M B, 2018. Role of search for domain knowledge and architectural knowledge in alliance partner selection [J]. Strategic management journal, 39 (8): 2277-2302.

ZAHEER A, BELL G G, 2005. Benefiting from network position: Firm capabilities, structural holes, and performance [J]. Strategic management journal, 26 (9): 809-825.

ZHANG X, LIU W, 2020. Complex equipment remanufacturing schedule management based on multi-layer graphic evaluation and review technique network and critical chain method [J]. IEEE access (8): 108972-108987.

ZHAO Z J, ANAND J, 2013. Beyond boundary spanners: The 'collective bridge' as an efficient interunit structure for transferring collective knowledge [J]. Strategic management journal, 34 (13): 1513-1530.

ZHU K, KRAEMER K L, GURBAXANI V, et al., 2006. Migration to open-standard interorganizational systems: Network effects, switching costs, and path dependency [J]. MIS quarterly, 30 (30): 515-538.